Tesshi

ペコペコさんも
大満足！

ごちそうおにぎりとまんぷくスープ

扶桑社

おにぎりとスープなら１品でOK!

こんにちは！Tesshiです。
いつもインスタグラムを見ていただいている方も
この本で初めて私を知ってくださった方も、
興味を持っていただき、心からありがとうございます。

トレーラー運転手の夫のお弁当用に、片手で食べられるおにぎりを作り続け、
とうとう四半世紀目に突入しました。
おにぎりは、子どものお弁当にも重宝。
当時大学受験生だった息子の、「食べる時間がないから、おにぎりだけでいい」
というリクエストにより、おかずとご飯が一体となったおにぎりを作るように。
それをインスタグラムに投稿するうちに、「#ごちそうおにぎり」として、
世界中の方々に注目していただく機会に恵まれました。

野菜がゴロゴロ入ったスープは、家族の大好物です。
スープ１杯にパンを添えて、さっとエネルギーチャージできるところがお気に入り！
具だくさんなスープは一皿でお腹も大満足なので、
この本では「まんぷくスープ」と呼んでいます。

どちらもおかずを兼ねていて、１品で献立が完成するので、
「料理はなるべくラクしたい」というあなたにぴったり！

この本では、がっつりボリューミーなものからあっさり食べられるものまで、
おにぎりとスープのレシピをたくさん紹介しています。
さらに、同じ具材を使って、おにぎりとスープを作る方法や、
便利な魚焼きグリル（またはオーブントースター）を活用した料理、
世界のおにぎり特集など、今日から使えるアイデアもいっぱい詰め込みました。

忙しい毎日に活躍する「ごちそうおにぎり」と「まんぷくスープ」が
ひとりでも多くの方のお役に立てたら、とってもうれしいです！

Tesshi

おにぎりとスープがある生活

「ごちそうおにぎり」と「まんぷくスープ」は食べ応えがあるので、一品で大満足！
ほかにおかずを作らなくても、献立が完成します。おすすめシーンをご紹介！

具だくさんの
まんぷくスープで、
朝の目覚めもシャキッと。
トーストなどの
パンを添えても◎
忙しい朝は
さっと食べられる
ごちそうおにぎりで
エネルギーチャージ

朝ごはんに

FOR BREAKFAST

しらす入り炒り卵の酢飯おにぎり
作り方▶P.79

ゴロゴロじゃがいもスープ
作り方▶P.56

スープジャーに入れれば、
スープをランチに
持っていくことも

ありものカレースープ

作り方▶P.66

おにぎりは
お弁当の
定番

鮭と枝豆チーズのおにぎり

作り方▶P.49

ランチに

FOR LUNCH

おにぎりとスープ一緒に食べても！

絶対外さない王道の組み合わせ。あっさり塩おにぎりに、赤出しみそを使ったコクのあるMisoスープがよく合います。

【 みんな大好き定番セット 】

塩おにぎり
作り方▶P.74

豚肉ともやしで
Miso スープ
作り方▶P.64

【 ごま油香る韓国風セット 】

豆苗と塩昆布ナムルでおにぎり
作り方▶P.80

超簡単キムチスープ
作り方▶P.16

ナムル×キムチなら、アジア風に。スープは器に具材を入れて、お湯を注ぐだけなので、とっても簡単！

一品でも大満足なおにぎりとスープですが、もちろん一緒に食べるのもＯＫ！
おにぎりはみそ汁だけでなく、スープにも合いますよ。おすすめの組み合わせをピックアップ。

塩味がはっきりした明太子のおにぎりには、やさしい味わいのスープを。野沢菜のシャキッと感も◎。

洋風の組み合わせもおいしい！ 焼きおにぎりはとろ〜りチーズがたまりません。ブロッコリーのスープは栄養価も豊富。

Contents

【本書の使い方】

計量単位は、大さじ1=15mℓ、小さじ1=5mℓ、1合＝180mℓです。

電子レンジの加熱時間は600Wを基準にしています。500Wの場合は1.2倍、700Wの場合は0.8倍を目安に加減してください。機種によって多少の差が生じることがあります。

電子レンジや魚焼きグリルで加熱する際は、付属の説明書に従って高温に耐えられる器や調理器具を使用してください。

アルミホイルは、フライパン用アルミホイル(くっつかないタイプ)を使用しています。

本書で紹介しているご飯の分量は、茶碗多めの1杯分＝180～200gが目安です。

おにぎりで使用する梅干しや塩昆布、明太子、漬物などの具材は、商品によって塩分が異なるので、量や調味料はその都度調整してください。

PART 3 あっさり！食べたい日のおにぎりとスープ

おにぎり作りの基本

**私のおにぎりは、ご飯茶碗多めの1杯分(180〜200g)で小さめサイズ3個を作るのが基本。
具材を包むのではなく、小さく切ってご飯と混ぜると味に一体感が出ます！**

ご飯を炊く

お米はいつも土鍋で炊いています。理由は炊飯器の内釜を洗うのが面倒だったから(笑)。土鍋で炊いてみたら意外と簡単でおいしいことに気づき、それ以来ずっと鍋派です。もちろん炊飯器で炊いてもOK！

鍋でのご飯の炊き方(3合分)

ボウルに米を入れてとぎ、浸るくらいの水を加え、30分〜1時間ほど浸水させます。ザルに広げ、数分おいて水気をきります。鍋に米を移し、水540㎖を注ぎ、ふたをして強火にかけ、沸騰したら弱火にして10分ほど炊きます。火を止めてそのまま10分ほど蒸らします。

ごちそうおにぎりの作り方

具材とご飯を混ぜる

塩気のある具材を混ぜることで、ご飯全体に味がつきます。

⅓量ずつラップにのせる

ラップに塩はふらなくてもOK。

三角形ににぎる

ふんわりとやさしく数回でにぎって。多少形がいびつなのも味です。

のりで巻く

おにぎりのサイズに合わせて、小さめにちぎったのりを巻きます。

白ごまをふる

炒りごまとすりごまの両方をふると、見た目も食感もgood！

具材の一部を
トッピングすると
キュート

おいしそうな
焼き色がついたら
できあがり

焼きおにぎりの作り方

タレを塗る

しょうゆ小さじ1、みりん小さじ½〜1、ごま油小さじ½を混ぜたタレをスプーンでかけます。

魚焼きグリルで焼く

うっすら焼き色がつくまで焼きます。グリルの代わりにオーブントースターでもOK。

もう一度タレを塗る

グリルが両面焼きの場合はそのまま、片面焼きの場合は上下を返して再度タレを塗り、さらに焼きます。

酢飯おにぎりの作り方

寿司酢を回しかける

温かいご飯茶碗多めの１杯分に対し、市販の寿司酢大さじ1½強を合わせて。米は普通の水加減で炊いています。

切るように混ぜる

粘りが出ないように均一に混ぜて。

あとは
ごちそうおにぎりの
作り方と同じ！

酢飯は
ボリューミーな
具材に合うよ

おにぎり Q&A

Q どんな食材を使っている？

米は魚沼産コシヒカリの雪椿を、のりは白子のりを愛用中。おにぎりのサイズに合わせて、小さめにちぎったのりを巻きます。

Q おにぎりに塩はふる？

私のおにぎりは味つきの具材をご飯に混ぜているものが多く、基本はふっていません。味が薄そうなものだけ、仕上げにパラッとふって。

Q 上手ににぎるには？

具材が多いとくずれやすいのですが、毎日にぎり続けるうちに、自然とおにぎりをまとめる感覚が身につきます。心配なら食べるまで１個ずつラップで包んでおけばOK！

スープ作りの基本

スープ作りに特にルールはありません。そのとき家にある食材を使い、気分によって味つけを決め、具材に火が通るまで煮るだけ。大ざっぱに作ってもおいしいのが、スープのいいところ。

スープの素

和風

顆粒和風だし（ほんだし）とだしパックを併用。本書で「だし汁」と記載されているものは、だしパックでとっただし汁のこと。顆粒和風だしをパッケージの表示通りに熱湯で溶いたものでもOK。

洋風

固形タイプのコンソメを使用。顆粒タイプでも問題ありません。

アジア風

中華スープの素は、粉末タイプの創味シャンタンか、顆粒タイプの鶏がらスープの素のいずれかを。使い分けているわけでなく、スーパーで安い方を購入しています。

スープQ&A

Q どんなみそを使っている？

私は、愛知県民がこよなく愛する「赤出しみそ」を使用。八丁みそと米みその合わせみそのことで、濃い焦げ茶色の見た目とかすかな酸味とコクのある味わいが特徴。ずっとこの味で育ってきたので、ほかのみそは愛せません（笑）。

Q なぜ具材を炒めるの？

スープは具材を油で炒めてから煮て作ると、コクが出てよりおいしくなる気がします。油を控えたい方や面倒な場合は、鍋に水と材料を入れて煮てもOK。

具材の
つぶし加減は
お好みで♪

Q ポタージュを作るのにミキサーは必要？

私はポタージュ系のスープを、ミキサーやブレンダーではなくマッシャースプーンを使って作っています。じゃがいもやさつまいもなどが手軽につぶせて、洗い物もラク。具材のゴロッと感が残せるのもお気に入りです。木べらやお玉で具材をつぶすこともできます。

マッシャー
スプーン

PART

1

同じ具材でおにぎりとスープどっちも！

おにぎりとスープを、共通の食材を使って作るアイデアレシピ。
気分によってどっちか試すのもよし、両方作るのもよし！

ベーコン

小松菜

卵

＼冷蔵庫の常備食材で！／

ベーコンエッグおにぎり

アメリカンブレックファストのような炒め物をおにぎりに！
ベーコンの塩気がアクセント。

材料 小さめのおにぎり3個分

ご飯 … 茶碗多めの1杯分
ブロックベーコン … 40g
小松菜 … 1株
卵 … 1個
オリーブオイル … 大さじ1
A ［しょうゆ … 大さじ½
　 塩、こしょう … 各少々
白炒りごま … 大さじ1
のり … 3枚
白炒りごま、白すりごま
（仕上げ用）… 各適量

作り方

1 ベーコンは7～8mm角に切る。小松菜は細かく刻む。卵は溶きほぐす。

2 フライパンにオリーブオイルを入れて中火で熱し、ベーコンを炒める。こんがりしたら小松菜を加えて炒め、しんなりしたらAで味をととのえる。溶き卵を加え、ふんわりと混ぜて半熟状になったら取り出す。

3 ご飯、2、白ごまをざっくり混ぜる。ラップに⅓量ずつのせて三角形ににぎり、のりを巻き、仕上げ用の白ごまをふる。

朝食べたら
1日ハッピーが
続きそう

洋風かきたまスープ

ふんわり卵がおいしいスープ。ベーコンを炒めてから煮ると いつものかきたまがコクありスープに。

材料 2人分

ブロックベーコン … 40g
小松菜 … 1株
卵 … 1個
オリーブオイル … 大さじ1
A［水 … 400mℓ
　 固形コンソメ … 1個
B［しょうゆ … 大さじ½
　 塩、こしょう … 各少々
水溶き片栗粉（好みで）
［水溶き片栗粉 … 大さじ1
　水 … 大さじ2

作り方

1 ベーコンは7～8mm角の棒状に切る。小松菜は4～5cm長さに切る。卵は溶きほぐす。

2 鍋にオリーブオイルを入れて中火で熱し、ベーコンを炒める。こんがりしたらAを加え、煮立ったら小松菜を加える。さっと煮たらBで味をととのえ、水溶き片栗粉でとろみをつける。溶き卵を流し入れ、再び煮立ったら火を止める。

キムチ

ツナ

小ねぎ

＼最強！韓国風トリオ／

1 どっちも！

ピリ辛焼きおにぎり

キムチ×ツナの鉄板コンビ！ こんがりと焼けた焦げ目が香ばしく、ついつい手が伸びてしまいます。

材料 小さめのおにぎり3個分

ご飯 … 茶碗多めの1杯分
白菜キムチ … 40g
ツナ缶
（オイル漬け・余分な油はきる）
… 小½缶（35g）
小ねぎ（小口切り）… 適量
白炒りごま … 大さじ1
A［しょうゆ … 小さじ1
　みりん … 小さじ½〜1
　ごま油 … 小さじ½

作り方

1. キムチは細かく刻み、A以外のすべての材料とざっくり混ぜる。ラップに⅓量ずつのせて三角形ににぎる。
2. 1に混ぜ合わせたAを半量塗り、魚焼きグリル（またはオーブントースター）でうっすら焼き色がつくまで焼く。途中で上下を返し、残りのAを塗り、焼き色がつくまで焼く。

超簡単キムチスープ

鍋を使わずに作れる超簡単スープ。ピリ辛なキムチにうまみたっぷりのツナ、さわやかな風味の小ねぎがベストマッチ！

材料 1人分

白菜キムチ … 20g
ツナ缶
（オイル漬け・油ごと使用）
… 小½缶（35g）
A［中華スープの素 … 小さじ1
　塩、こしょう … 各少々
熱湯 … 200㎖
小ねぎ（小口切り）… 適量

作り方

1. 器にキムチ、ツナ、Aを入れ、熱湯を注いで混ぜる。小ねぎを散らす。

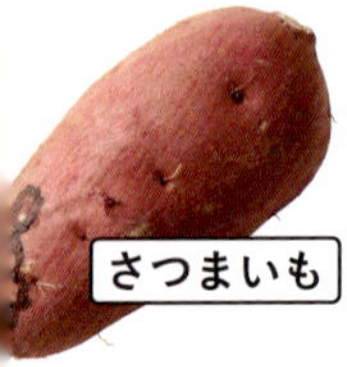

ほっこりミルクスープ

**さつまいもとソーセージの組み合わせは、ミルクスープにぴったり！
牛乳は加えたら、煮立てないのがポイントです。**

材料 2人分

さつまいも … ½本（150g）
ソーセージ … 4本
にんにく（つぶす・好みで）
… 1かけ
オリーブオイル … 大さじ1
小麦粉 … 大さじ1
A［水 … 200mℓ
　固形コンソメ … 1個
牛乳 … 200mℓ
バター … 大さじ½
塩、こしょう … 各少々
ドライパセリ … 適量

作り方

1 さつまいもは1cm幅の半月切りにし、水に10分ほどさらして水気をきる。ソーセージは斜め半分に切る。

2 鍋にオリーブオイルを入れて弱火で熱し、にんにくを炒める。香りが立ったら**1**を加えて中火で炒め、油が全体になじんだら小麦粉を加えて炒める。粉気がなくなったらAを加え、さつまいもがやわらかくなるまで煮る。

3 牛乳を加え、煮立つ直前でバターを加え、火を止める。塩、こしょうで味をととのえ、器に盛り、パセリをふる。

ホクホクおいもおにぎり

**ホクホク甘〜いさつまいもと、ジューシーなソーセージが
ゴロゴロ入ったおにぎり。子どもも喜ぶ味わいです。**

材料 小さめのおにぎり3個分

ご飯 … 茶碗多めの1杯分
さつまいも … ¼本（75g）
ソーセージ … 2本
ドライパセリ … 適量
白炒りごま … 大さじ1
塩 … 少々

作り方

1 さつまいもは1cm角に切る。水に10分ほどさらし、濡れたまま耐熱皿に入れ、ふんわりとラップをして電子レンジ（600W）で2分10秒加熱する。取り出してペーパータオルで水気を拭き、塩をふる。

2 ソーセージは1cm幅の輪切りにし、フライパンでさっと炒める。

3 すべての材料をざっくり混ぜる。ラップに⅓量ずつのせて三角形ににぎる。

1
どっちも！
心も体も
あったかぽかぽか。
寒い日にどうぞ

○△□が
せいぞろいの
かわいいかたち

／火を使わない！おつまみ食材＼

ちくわ

チーズ

青じそ

ちくチーのマヨしょうゆおにぎり

ちくわの食感が楽しい！ チーズはマヨとしょうゆで和えてから、ご飯に加えると、味がぼやけません。

材料 小さめのおにぎり3個分

ご飯 … 茶碗多めの1杯分
ちくわ … 1本
プロセスチーズ … 1個(13.5g)
A［マヨネーズ … 小さじ1
　 しょうゆ … 少々
青じそ … 3枚
白炒りごま … 大さじ1
のり … 3枚
白炒りごま、白すりごま(仕上げ用)
　… 各適量

作り方

1 ちくわ、プロセスチーズは小さく切り、Aと和える。青じそは手で叩いて香りを出し、小さく切る。

2 ご飯、**1**、白ごまをざっくり混ぜる。ラップに⅓量ずつのせて三角形ににぎり、のりを巻き、仕上げ用の白ごまをふる。

1 どっちも！

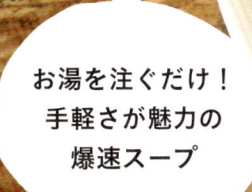

お湯を注ぐだけ！
手軽さが魅力の
爆速スープ

ちくチーの洋風スープ

ちくわから、いいだしが出ます。
青じそをハーブ感覚で使って。

材料 2人分

ちくわ … 1本
プロセスチーズ … 1個（13.5g）
固形コンソメ … 1個
バター … 小さじ2
熱湯 … 400mℓ
塩、こしょう … 各少々
青じそ（小さく切る） … 2枚

作り方

1 ちくわは7～8mm幅の輪切りにする。プロセスチーズは7～8mm角に切る。コンソメは細かく砕く。

2 器に**1**、バターを半量ずつ入れ、熱湯を半量ずつ注いで混ぜる。塩、こしょうで味をととのえ、青じそを散らす。

POINT

青じそはパンと手で叩いて香りを出してから、キッチンバサミや包丁でカットして！

＼カラフル食材を使って！／
えび
オクラ
コーン
やっぱり
この味がほっと
する♡
さっぱり酢飯で
パクパク食べられ
ちゃう！

1 どっちも！

えびの和風しょうがスープ

**しょうがの風味が効いたしみじみおいしいスープ。
具材はごま油で炒めることで、コクがアップします。**

材料 2人分

えび(殻付き・小) … 4尾
オクラ … 2〜3本
コーン(冷凍) … 大さじ4
ごま油 … 大さじ1
A［だし汁 … 400mℓ
　しょうが(すりおろし) … 小さじ1
しょうゆ … 大さじ½
塩 … 少々

作り方

1 えびは殻をむいて尾を除き、背ワタを取り、半分に切る。オクラはガクをむいて斜め半分に切る。

2 鍋にごま油を入れて中火で熱し、えびを炒める。色が変わったらオクラ、コーンを加えてさっと炒め、Aを加え、煮立ったらしょうゆ、塩で味をととのえる。

えびの ぷりぷり酢飯おにぎり

赤×緑×黄色の彩りが目を引くおにぎり。ネバネバやぷりぷりなど食感の異なる素材を酢飯がやさしくまとめます。

材料 小さめのおにぎり3個分

酢飯(▶P.11) … 茶碗多めの1杯分
えび(殻付き) … 3尾
オクラ … 2〜3本
コーン(冷凍) … 大さじ3
白炒りごま … 大さじ1
のり … 3枚
白炒りごま、白すりごま
　(仕上げ用) … 各適量

作り方

1 えびは殻をむいて尾を除き、背ワタを取り、塩ゆでして小さく切る。オクラはガクをむき、塩ゆでして3mm厚さに切る。コーンはゆでる。

2 ご飯、**1**、白ごまをざっくり混ぜる。ラップに⅓量ずつのせて三角形ににぎり、のりを巻き、仕上げ用の白ごまをふる。

明太子
豆腐
小ねぎ
＼辛さとまろやかさどっちも！／
コンビ名は「大豆イソフラボンズ」です♪

明太ソイスープ

明太子の辛味と豆乳のまろやかさがいい塩梅。
大豆製品がいっぱいとれるのもうれしいポイントです。

材料 2人分

明太子 … 1本(½腹)
絹ごし豆腐 … 150g
小ねぎ(小口切り) … 適量
A ［ 水 … 200mℓ
中華スープの素 … 大さじ½
豆乳 … 200mℓ
塩、こしょう … 各少々
ごま油 … 大さじ½

作り方

1 明太子は薄皮を除いてほぐす。豆腐は食べやすい大きさに切る。

2 鍋にAを入れて中火にかける。煮立ったら豆腐、豆乳を加え、煮立つ直前で火を止める。塩、こしょうで味をととのえ、ごま油を回し入れる。器に盛り、明太子、小ねぎを散らす。

明太豆腐で焼きおにぎり

豆腐はおにぎりにもなる！ 相性のいい明太子と
焼きおにぎりにすれば香ばしさも加わり、あと引くおいしさ。

材料 小さめのおにぎり3個分

ご飯 … 茶碗多めの1杯分
明太子 … 1本(½腹)
絹ごし豆腐 … 50g
小ねぎ(小口切り) … 1本
白炒りごま … 大さじ1
A しょうゆ … 小さじ1
　みりん … 小さじ½〜1
　ごま油 … 小さじ½

作り方

1 明太子は薄皮を除いてほぐす。豆腐はペーパータオルで包み、耐熱皿に入れ、ラップをせずに電子レンジ（600W）で50秒加熱し、水気をきって粗くほぐす。

2 豆腐をつぶしながらA以外のすべての材料をざっくり混ぜる。ラップに ⅓量ずつのせて三角形ににぎる。

3 2に混ぜ合わせたAを半量塗り、魚焼きグリル（またはオーブントースター）でうっすら焼き色がつくまで焼く。途中で上下を返し、残りのAを塗り、焼き色がつくまで焼く。

POINT

おにぎりがべちゃっとならないよう、豆腐はしっかり水きりしてから使って。

＼オールマイティな組み合わせ／

カニ風味かまぼこ
天かす
かいわれ大根
遅く帰った日でもこれなら作れそう！
やみつきになること間違いなし！

カニかまの和風スープ

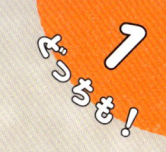

お酒を飲んだ日の〆にぴったりなあっさりした一品。こちらもお湯を注ぐだけで超簡単！

材料 1人分

カニ風味かまぼこ … 1本
天かす … 大さじ1
かいわれ大根 … 適量
A［顆粒和風だし、しょうゆ … 各小さじ1
熱湯 … 200mℓ
塩 … 少々

作り方

1 カニ風味かまぼこは半分の長さに切り、手でほぐす。かいわれ大根は半分の長さに切る。

2 器にカニ風味かまぼこ、Aを入れ、熱湯を注いで混ぜる。塩で味をととのえ、天かす、かいわれ大根を散らす。

カニかまの悪魔おにぎり

食べ出したら止まらないメニュー。天かすはめんつゆに絡めてからおにぎりに加えるのがおいしさの秘密。

材料 小さめのおにぎり3個分

ご飯 … 茶碗多めの1杯分
カニ風味かまぼこ … 2本
天かす … 大さじ2
めんつゆ（4倍濃縮） … 大さじ½〜1
かいわれ大根 … 適量
白炒りごま … 大さじ1
のり … 3枚
白炒りごま、白すりごま（仕上げ用） … 各適量

作り方

1 カニ風味かまぼこは手でほぐし、小さく切る。天かすはめんつゆと和える。かいわれ大根は半分の長さに切る。

2 ご飯、**1**、白ごまをざっくり混ぜる。ラップに⅓量ずつのせて三角形ににぎり、のりを巻き、仕上げ用の白ごまをふる。

コーン

シュレッド
チーズ

カレー粉

＼子どもから大人までみんな大好き！／

コーンの
ミルクカレースープ

コーンの甘みが楽しめるスープ。
チーズ×牛乳の乳製品がカレーの辛味をマイルドに。

材料 2人分

コーン（冷凍）… 大さじ4〜
シュレッドチーズ … 50g
カレー粉 … 小さじ½〜1
オリーブオイル … 大さじ1
A ［ 水 … 200mℓ
　 固形コンソメ … 1個
牛乳 … 200mℓ
塩、こしょう … 各少々

作り方

1 鍋にオリーブオイルを入れて中火で熱し、コーンを炒める。油が全体になじんだらカレー粉を加えてさっと炒め、Aを加える。

2 煮立ったら牛乳を加え、煮立つ直前でシュレッドチーズを加え、火を止める。混ぜながらチーズを溶かし、塩、こしょうで味をととのえる。

POINT

シュレッドチーズは「ピザ用チーズ」と呼ばれることも。

こ〜んがり

コーンの
スパイシー焼きおにぎり

プチプチ食感のコーンと、クリーミーなチーズがご飯によく絡みます。カレーの風味が食欲を刺激！

材料 小さめのおにぎり3個分

ご飯 … 茶碗多めの1杯分
コーン（冷凍）… 大さじ3
シュレッドチーズ
　… ひとつかみ50g〜
カレー粉 … 小さじ½〜1
白炒りごま … 大さじ1
A ［ しょうゆ … 小さじ1
　 みりん … 小さじ½〜1
　 ごま油 … 小さじ½

作り方

1 コーンはゆでる。A以外のすべての材料（チーズは半量を取り分ける）とざっくり混ぜる。

2 ラップに**1**を⅓量ずつ広げ、中心に取り分けたチーズを⅓量ずつのせて三角形ににぎる。

3 **2**に混ぜ合わせたAを半量塗り、魚焼きグリル（またはオーブントースター）でうっすら焼き色がつくまで焼く。途中で上下を返し、残りのAを塗り、焼き色がつくまで焼く。

POINT

焦げやすいので、こまめに焼き加減をチェックして。

1
どっちも！
コーンは
たっぷり入れるのが
おすすめ♡
とろ〜り
とろけるチーズも
いい感じ！

世界のOnigiri作ってみた！

今や日本だけでなく、世界中で愛されているおにぎり。インスタグラムでは「#Onigiri」の投稿もたくさん！
フランス、アメリカ、ブラジルなど、地球のあちこちで食べられているみたいです。
ということで、海外で人気の味をTesshi流に再現しました。ひと口で海外旅行気分!?

パリおにぎり

生ハムとご飯は意外にも相性抜群！
まろやかなクリチーにバジル＆ペッパーが香って、
ワインにも合いそう！

材料 小さめのおにぎり3個分

ご飯 … 茶碗多めの1杯分
クリームチーズ … 1個(16.3g)
A［白炒りごま … 大さじ1
　 ドライバジル … 3つまみ
　 オリーブオイル … 小さじ½〜1
　 粗びき黒こしょう … 少々
生ハム … 3枚

作り方

1 クリームチーズは小さく切る。
2 ご飯、Aをざっくり混ぜる。ラップに⅓量ずつのせて**1**を散らし、三角形ににぎる。生ハムを巻く。

チュモッパ

ごま油の香りとカリポリたくあんにハマる
流行りの韓国おにぎり。

材料 小さめのおにぎり3個分

ご飯 … 茶碗多めの1杯分
明太子 … 1本(½腹)
たくあん … 3切れ
韓国のり … 3枚
A［白炒りごま … 大さじ1
　 ごま油 … 少々

作り方

1 明太子は薄皮を除いてほぐす。たくあんは細かく刻む。韓国のりは小さくちぎる。
2 ご飯、**1**、Aをざっくり混ぜる。ラップに⅓量ずつのせて三角形ににぎる。

台湾おにぎり

半熟ゆで卵を丸ごと1個詰めこんだ
ボリューミーな爆弾おにぎり。

材料 大きめのおにぎり1個分

ご飯 … 茶碗多めの1杯分
小松菜 … 1株
プロセスチーズ … 1〜2個(13.5〜27g)
鶏そぼろ(下記参照) … 大さじ2〜3
味玉(下記参照) … 1個
のり(全形) … 1枚

作り方

1 小松菜は塩ゆでして水気を絞り、細かく刻む。プロセスチーズは小さく切る。
2 ご飯、**1**、鶏そぼろをざっくり混ぜる。
3 ラップにのりを重ね、その上に**2**の半量を広げて中心に味玉をのせる。残りの**2**をのせ、丸くにぎる。ラップをしたままのりがなじむまでしばらくおく。

鶏そぼろの作り方

鶏ひき肉100gに酒大さじ½をふる。フライパンにごま油大さじ½を入れて中火で熱し、ひき肉を炒める。色が変わったらしょうゆ・砂糖各大さじ1、しょうがのすりおろし小さじ1を加え、汁気が飛ぶまで炒める。

味玉の作り方

めんつゆ(4倍濃縮)大さじ1、水大さじ1〜3(好みで濃さを調節)、しょうゆ少々を混ぜたタレに半熟ゆで卵を漬け、半日以上おく。タレに酢やごま油を加えても◎。

ハワイアン ポキおにぎり

ハワイのローカルフード「ポキ」を
漬けまぐろ風に。マヨも合います!

材料 小さめのおにぎり3個分

ご飯(または酢飯▶P.11) … 茶碗多めの1杯分
まぐろ … 50g
アボカド … ¼個
きゅうり … ¼本
塩 … 適量
A しょうゆ … 小さじ1
　みりん … 小さじ½〜1
　ごま油 … 小さじ½
　わさび … 少々
白炒りごま … 大さじ1
白炒りごま、白すりごま(仕上げ用) … 各適量

作り方

1 まぐろは1cm角に切り、Aに漬け込み、汁気をきる。アボカドは1cm角に切る。きゅうりは薄い輪切りにし、塩でもんで水気を絞る。
2 ご飯、**1**、白ごまをざっくり混ぜる。ラップに⅓量ずつのせて丸くにぎり、仕上げ用の白ごまをふる。

偏愛♡
パルミジャーノ・レッジャーノ

ごちそうおにぎりもまんぷくスープも、基本的に手に入りやすい身近な食材を使って作っていますが、私が、唯一奮発して買うものといえば、イタリアチーズの王様「パルミジャーノ・レッジャーノ」。これ、「世界で一番おいしい食べ物じゃない!?」って本気で思っているくらい大好きなチーズです。まさにうまみの塊で、おにぎりにかけてもスープに入れても最高。おもしろいのが洋風食材だけでなく、和風食材とも相性がいいところ。みそ汁に入れるとコクがぐっと深まりますし、明太子や梅干しのおにぎりにかけても劇的においしさがアップします。「チーズ=だし」だと思って、いろんなお料理に加えてみてください。特にこの本で「粉チーズ」と書いてあるレシピは、パルミジャーノ・レッジャーノに替えるとグレードアップするはずです！

甘辛ツナマヨの酢飯おにぎり（▶P.43）にかけて。チーズグレーターは細かくふわふわに削れるタイプを愛用。削りたての香りもごちそうです。

ささっと玉ねぎスープ（▶P.84）にたっぷりと。パルミジャーノ・レッジャーノは自分へのごほうび。ケチらずたくさんかけるべし！

PART

2

がっつり！食べたい日のおにぎりとスープ

肉や魚介など、具材がゴロゴロ入った食べ応え満点のおにぎりと、
濃厚でコクのある味わいのボリューミーなスープをご紹介します。
お腹がペコペコなときにはぜひお試しを！

NIKU

肉

おにぎり

から揚げとクリチーの酢飯おにぎり

**みんな大好きから揚げと、濃厚クリームチーズが絶妙なハーモニー。
くずれやすいクリチーは、あとのせしてにぎります。**

材料 小さめのおにぎり3個分

酢飯（▶P.11）… 茶碗多めの1杯分
から揚げ（市販品）… 2〜3個
クリームチーズ … 1個（16.3g）
A［マヨネーズ … 大さじ½
　 しょうゆ … 2〜3滴
白炒りごま … 大さじ1
のり … 3枚
白炒りごま、白すりごま（仕上げ用）… 各適量

作り方

1 から揚げは4〜6等分に切る。クリームチーズは小さく切り、Aで和える。

2 酢飯、から揚げ、白ごまをざっくり混ぜる。ラップに⅓量ずつのせてクリームチーズを散らし、三角形ににぎり、のりを巻き、仕上げ用の白ごまをふる。

2 がっつり！

菜っぱで肉巻きおにぎり

こんがり焼けた牛肉と甘辛いタレの香りが、食欲をそそります！牛肉を豚バラ薄切り肉に代えても◎

材料 小さめのおにぎり3個分

ご飯 … 茶碗多めの1杯分
牛薄切り肉 … 3枚
小松菜 … 1株
焼き肉のタレ … 大さじ3
米油（またはサラダ油）… 大さじ½
白炒りごま … 大さじ1
白炒りごま（仕上げ用）… 適量

作り方

1 小松菜は塩ゆでして水気を絞り、細かく刻む。

2 ご飯、**1**、白ごまをざっくり混ぜる。ラップに⅓量ずつのせて三角形ににぎり、牛肉を巻く。

3 フライパンに米油を入れて中火で熱し、**2**の巻き終わりを下にして並べて焼く。全面に焼き色がついたら焼き肉のタレを加えて絡め、仕上げ用の白ごまをふる。

＼菜っぱ／

おにぎりに入れる「菜っぱ」は、ご自宅の冷蔵庫にある葉物野菜を塩ゆでして刻めばなんでもOK！ この本では小松菜を使っていますが、大根の葉やかぶの葉でもおいしいです。

NIKU
肉
おにぎり
みんな
大好き♡

紅しょうが
必須！

ハンバーグの酢飯おにぎり

材料 小さめのおにぎり3個分

酢飯（▶P.11）… 茶碗多めの1杯分
ミニハンバーグ（冷凍・市販品）… 3個
A［トマトケチャップ … 大さじ1
　 とんかつソース … 小さじ1
コーン（冷凍）… 大さじ3
B［白炒りごま … 大さじ1
　 青のり … 小さじ½〜
のり … 3枚
白炒りごま、白すりごま（仕上げ用）… 各適量

作り方

1 ハンバーグはパッケージの表示通りに解凍する。フライパンにAを入れて中火にかけ、ハンバーグを加えて煮絡める。コーンはゆでる。

2 酢飯、コーン、Bをざっくり混ぜる。ラップに⅓量ずつのせて三角形ににぎり、真ん中にハンバーグを刺して形をととのえる。のりを巻き、仕上げ用の白ごまをふる。

牛しぐれ煮と紅しょうがでおにぎり

材料 小さめのおにぎり3個分

ご飯 … 茶碗多めの1杯分
牛しぐれ煮（下記参照）
　… 大さじ3
小松菜 … 1株
A［白炒りごま … 大さじ1
　 紅しょうが … 適量
のり … 3枚
白炒りごま、白すりごま
　（仕上げ用）… 各適量

作り方

1 小松菜は塩ゆでして水気を絞り、細かく刻む。

2 ご飯、牛しぐれ煮、1、Aをざっくり混ぜる。ラップに⅓量ずつのせて三角形ににぎり、のりを巻き、仕上げ用の白ごまをふる。

牛しぐれ煮の作り方

鍋にしょうがのすりおろし1かけ分、水・しょうゆ・みりん・酒各大さじ1、砂糖大さじ½〜1を入れて中火にかけ、煮立ったら牛こま切れ肉100gを加え、汁気がなくなるまで煮る。

心も体も
癒やされる
やさしい味

2
がっつり！
追いマヨで
ジャンクに
食べて！

鶏そぼろと炒り卵のおにぎり

材料 小さめのおにぎり3個分

ご飯 … 茶碗多めの1杯分
鶏そぼろ（▶P.31）… 大さじ3
炒り卵（下記参照）… 1〜2個分
白炒りごま … 大さじ1
白炒りごま、白すりごま（仕上げ用）… 各適量

作り方

1 ご飯、鶏そぼろ、炒り卵（仕上げ用に一部取り分ける）、白ごまをざっくり混ぜる。ラップに⅓量ずつのせて三角形ににぎり、仕上げ用の炒り卵をのせ、仕上げ用の白ごまをふる。

炒り卵の作り方

ボウルに卵2個、水大さじ1、マヨネーズ・砂糖各大さじ½、塩ひとつまみを入れ、よく混ぜる。フライパンにサラダ油大さじ½を入れて中火で熱し、卵液を一気に加える。ふんわりと混ぜて半熟状になったら取り出す。

しょうが焼きおにぎり

材料 小さめのおにぎり3個分

ご飯（または酢飯▶P.11）… 茶碗多めの1杯分
しょうが焼き（下記参照）… 大さじ3
キャベツ … 1枚
塩 … ひとつまみ
白炒りごま … 大さじ1
のり … 3枚
白炒りごま、白すりごま（仕上げ用）… 各適量

作り方

1 しょうが焼きは大きい肉をひと口大に切る。キャベツはひと口大にちぎり、塩でもんで絞る。

2 ご飯、1、白ごまをざっくり混ぜる。ラップに⅓量ずつのせて三角形ににぎり、のりを巻き、仕上げ用の白ごまをふる。

しょうが焼きの作り方

豚こま切れ肉100gは小麦粉小さじ1をまぶす。フライパンにサラダ油小さじ1を入れて中火で熱し、豚肉を炒める。火が通ったらしょうゆ・みりん・酒各大さじ1、しょうがのすりおろし小さじ½を加えて煮絡め、マヨネーズ大さじ½を加えて混ぜる。

ハムと菜っぱでおにぎり

材料 小さめのおにぎり３個分

ご飯 … 茶碗多めの1杯分
ブロックハム … 40g
小松菜 … 1株
白炒りごま … 大さじ1
のり … 3枚
白炒りごま、白すりごま(仕上げ用) … 各適量

作り方

1 ハムは7～8mm角に切る。小松菜は塩ゆでして水気を絞り、細かく刻む。

2 ご飯、**1**、白ごまをざっくり混ぜる。ラップに⅓量ずつのせて三角形ににぎり、のりを巻き、仕上げ用の白ごまをふる。

ベーコンおかかマヨおにぎり

材料 小さめのおにぎり３個分

酢飯(▶P.11) … 茶碗多めの1杯分
ブロックベーコン … 40g
A ［マヨネーズ、白炒りごま … 各大さじ1
　 かつお節 … 1パック(2.5g)
　 しょうゆ … 2～3滴
のり … 3枚
白炒りごま、白すりごま(仕上げ用) … 各適量

作り方

1 ベーコンは7～8mm角に切ってフライパンでこんがりするまで炒め、Aで和える。

2 酢飯、**1**をざっくり混ぜる。ラップに⅓量ずつのせて三角形ににぎり、のりを巻き、仕上げ用の白ごまをふる。

ソーセージと炒り卵の酢飯おにぎり

うまみたっぷりのソーセージとほんのり甘い炒り卵の、
間違いない組み合わせ。ソーセージをスパムに替えてもOK！

材料 小さめのおにぎり3個分

酢飯（▶P.11）… 茶碗多めの1杯分
ソーセージ … 3本
炒り卵（▶P.37）… 卵1〜2個分
白炒りごま … 大さじ1
のり（細長く切る）… 3枚

作り方

1 ソーセージはフライパンでこんがりと焼く。
2 酢飯、白ごまをざっくり混ぜる。ラップに1/3量ずつのせて俵形ににぎり、炒り卵、ソーセージを順にのせ、のりを巻く。

TAMAGO

卵

おにぎり

オムライスおにぎり

三角おにぎりにふわふわ卵の帽子をのせてキュートに。
ブランチにぴったりなメニューで、子どもも大喜び！

材料 小さめのおにぎり3個分

ご飯 … 茶碗多めの1杯分

A
- 卵 … 2個
- 牛乳、マヨネーズ … 各大さじ½
- 塩、砂糖 … 各ひとつまみ

サラダ油 … 大さじ1

バター … 大さじ½

B
- 玉ねぎ（みじん切り）… ⅛個
- にんじん（みじん切り）… ⅙本
- ソーセージ（小さく切る）… 1本
- コーン（冷凍）… 大さじ3

トマトケチャップ … 大さじ2〜

塩、こしょう … 各少々

トマトケチャップ（仕上げ用）… 適量

作り方

1 ボウルにAを入れてよく混ぜる。

2 フライパンにサラダ油を入れて中火で熱し、**1**を一気に加える。ふんわりと混ぜて半熟状になったらボウルに取り出す（仕上げ用に一部取り分ける）。

3 フライパンにバターを入れて中火で溶かし、Bを炒める。玉ねぎがしんなりしてきたらケチャップを加えて炒め合わせる。全体になじんだらご飯を加えて炒め、塩、こしょうで味をととのえる。

4 **2**に**3**を加えてざっくり混ぜる。ラップに⅓量ずつのせて三角形ににぎり、仕上げ用の炒り卵、仕上げ用のケチャップをのせる。

シャキシャキ
おかひじきが
栄養満点！

チャーハン
みたいだね
2
がっつり！

おかひじきの ペペロンチーノおにぎり

材料 小さめのおにぎり3個分

酢飯（▶P.11）… 茶碗多めの1杯分
炒り卵（▶P.37）… 卵1〜2個分
おかひじきのペペロンチーノ（下記参照）… 大さじ3
白炒りごま … 大さじ1
のり … 3枚
白炒りごま、白すりごま（仕上げ用）… 各適量

作り方

1 酢飯、炒り卵（仕上げ用に一部取り分ける）、おかひじきのペペロンチーノ、白ごまをざっくり混ぜる。ラップに⅓量ずつのせて三角形ににぎり、のりを巻き、仕上げ用の炒り卵をのせ、仕上げ用の白ごまをふる。

おかひじきのペペロンチーノの作り方

おかひじき50gは塩ゆでし、食べやすい長さに切る。フライパンにオリーブオイル小さじ1を弱火で熱し、にんにくのみじん切り1かけ分、種を除いた赤唐辛子1本を炒める。香りが立ったらおかひじきを加えてさっと炒め、塩、こしょう各少々で味をととのえる。

ベーコンとねぎの 卵炒めおにぎり

材料 小さめのおにぎり3個分

ご飯 … 茶碗多めの1杯分
卵 … 1個
ブロックベーコン … 40g
長ねぎ … 1本
A［中華スープの素 … 小さじ½
　塩、こしょう … 各少々
ごま油 … 大さじ1
白炒りごま … 大さじ1
のり … 3枚
白炒りごま、白すりごま（仕上げ用）… 各適量

作り方

1 卵は溶きほぐす。ベーコンは7〜8mm角に切る。長ねぎは小口切りにする。

2 フライパンにごま油を入れて中火で熱し、ベーコンを炒める。こんがりしたら長ねぎを加えてさっと炒め、Aで味をととのえる。溶き卵を加えてふんわりと混ぜ、半熟状になったら取り出す。

3 ご飯、**2**、白ごまをざっくり混ぜる。ラップに⅓量ずつのせて三角形ににぎり、のりを巻き、仕上げ用の白ごまをふる。

TSUNA
ツナ
おにぎり

ちゃちゃっと
簡単！

ツナマヨ塩昆布おにぎり

材料 小さめのおにぎり3個分

酢飯（▶P.11）… 茶碗多めの1杯分
A ツナ缶（オイル漬け・余分な油はきる）
… 小1缶（70g）
塩昆布 … 大さじ1
マヨネーズ … 大さじ½〜
しょうゆ … 2〜3滴
白炒りごま … 大さじ1
のり … 3枚
白炒りごま、白すりごま（仕上げ用）… 各適量

作り方

1 Aは混ぜ合わせる。

2 酢飯、白ごまをざっくり混ぜ、ラップに⅓量ずつ広げる。中心に**1**（仕上げ用に一部取り分ける）を⅓量ずつ入れて三角形ににぎり、のりを巻く。仕上げ用の**1**をのせ、仕上げ用の白ごまをふる。

ツナマヨわさびと枝豆おにぎり

枝豆の食感が
楽しい

材料 小さめのおにぎり3個分

酢飯（▶P.11）… 茶碗多めの1杯分
A ツナ缶（オイル漬け・余分な油はきる）… 小½缶（35g）
マヨネーズ … 小さじ1
わさび … 小さじ¼〜
しょうゆ … 2〜3滴
枝豆（塩ゆでしてさやから出す）… 大さじ3
白炒りごま … 大さじ1
のり … 3枚
白炒りごま、白すりごま（仕上げ用）… 各適量

作り方

1 Aは混ぜ合わせる。

2 酢飯、**1**、枝豆、白ごまをざっくり混ぜる。ラップに⅓量ずつのせて三角形ににぎり、のりを巻き、仕上げ用の白ごまをふる。

甘辛ツナマヨの酢飯おにぎり

定番のツナマヨおにぎりにひと工夫。しょうゆと砂糖で味つけした甘辛味に酢飯がよく合います！

材料 小さめのおにぎり3個分

酢飯（▶P.11）… 茶碗多めの1杯分

A
- ツナ缶（オイル漬け・余分な油はきる）… 小1缶（70g）
- しょうゆ … 大さじ1
- 砂糖 … 大さじ$\frac{1}{2}$〜1
- マヨネーズ … 大さじ$\frac{1}{2}$
- しょうが（すりおろし）… 小さじ1

オクラ … 2本
白炒りごま … 大さじ1
のり … 3枚
白炒りごま、白すりごま（仕上げ用）… 各適量

作り方

1. 鍋にAを入れて中火にかけ、汁気が飛ぶまで炒める。オクラはさっと塩ゆでし、3mm厚さに切る。
2. 酢飯、白ごま、1（Aは仕上げ用に一部取り分ける）をざっくり混ぜる。ラップに$\frac{1}{3}$量ずつのせ、三角形ににぎる。のりを巻き、仕上げ用のAをのせ、仕上げ用の白ごまをふる。

SABA
さば
おにぎり

酢飯で
品よく
まとまります

マヨと枝豆の
コンビが
好きすぎちゃって♡

焼きさばとガリの酢飯おにぎり

焼きさばは酢飯と組み合わせると、押し寿司のような味わいに。ガリ入りで最後まで食べ飽きません。

材料 小さめのおにぎり3個分

酢飯（▶P.11）… 茶碗多めの1杯分
塩さば … ½切れ
甘酢しょうが（ガリ）… 適量
青じそ … 3枚
白炒りごま … 大さじ1
白炒りごま、白すりごま
（仕上げ用）… 各適量

作り方

1 さばはアルミホイルに包み、魚焼きグリルで7分ほど蒸し焼きにする。ホイルを開いて、さらに1分ほど焼いて焼き色をつけ、粗くほぐす。甘酢しょうがは食べやすい大きさに切る。青じそは叩いて香りを出し、小さく切る。

2 酢飯、**1**、白ごまをざっくり混ぜる。ラップに⅓量ずつのせて三角形ににぎり、仕上げ用の白ごまをふる。

焼きさばマヨと枝豆おにぎり

焼きさばは粗めにほぐしてゴロッと感を残すのが、食べ応えを出すコツ。マヨネーズでコクをプラスして。

材料 小さめのおにぎり3個分

ご飯 … 茶碗多めの1杯分
塩さば … ½切れ
A［白炒りごま … 大さじ1
　 マヨネーズ … 小さじ1
枝豆（塩ゆでしてさやから出す）
… 大さじ3
のり … 3枚
白炒りごま、白すりごま
（仕上げ用）… 各適量

作り方

1 さばはアルミホイルに包み、魚焼きグリルで7分ほど蒸し焼きにする。ホイルを開いて、さらに1分ほど焼いて焼き色をつける。粗くほぐし、Aで和える。

2 酢飯、**1**、枝豆をざっくり混ぜる。ラップに⅓量ずつのせて三角形ににぎり、のりを巻き、仕上げ用の白ごまをふる。

EBI

えび
おにぎり

たいがいに
しとかなかんよ、
うまずぎるもん！

えびブロの卵炒めおにぎり

材料 小さめのおにぎり3個分

ご飯 … 茶碗多めの1杯分
むきえび(小) … 6〜9尾
ブロッコリー … 3房
卵 … 1個
ごま油 … 大さじ1
A ［ 中華スープの素 … 小さじ½
　　塩、こしょう … 各少々
しょうゆ … 大さじ½
白炒りごま … 大さじ1
のり … 3枚
白炒りごま、白すりごま
　(仕上げ用) … 各適量

作り方

1 ブロッコリーはさっと塩ゆでし、小さく切る。卵は溶きほぐす。

2 フライパンにごま油を入れて中火で熱し、えび、ブロッコリーを炒める。えびの色が変わったらAを加え、鍋肌からしょうゆを加える。溶き卵を加えてふんわりと混ぜ、半熟状になったら取り出す。

2 ご飯、**2**、白ごまをざっくり混ぜる。ラップに⅓量ずつのせて三角形ににぎり、のりを巻き、仕上げ用の白ごまをふる。

2 がっつり!

えびフライと甘いおかかおにぎり

愛知県民が愛する“えびふりゃー”を甘辛味のおにぎりに。えびは名古屋城の天守閣をイメージしてダイナミックに刺してみて!

材料 小さめのおにぎり3個分

ご飯 … 茶碗多めの1杯分
えびフライ(市販品) … 3尾
A ┌ かつお節 … 1パック(2.5g)
 │ しょうゆ、みりん … 各小さじ1
 └ 砂糖 … ひとつまみ
白炒りごま … 大さじ1
のり … 3枚
白炒りごま、白すりごま(仕上げ用) … 各適量

作り方

1 Aは混ぜ合わせ、ご飯、白ごまとざっくり混ぜる。ラップに⅓量ずつのせて三角形ににぎり、真ん中にえびフライを突き刺して形をととのえる。のりを巻き、仕上げ用の白ごまをふる。

\ アレンジアイデア /

えびフライの代わりに好きなお惣菜でおにぎりを作るのもおすすめ! 甘いおかかとも相性のいい具材をご紹介。

から揚げ

うなぎ

焼き餃子

ミートボール

ぷりぷり
シャキシャキ

えびマヨきゅうり天かすの酢飯おにぎり

材料 小さめのおにぎり3個分

酢飯(▶P.11) … 茶碗多めの1杯分
むきえび(小) … 6〜9尾
マヨネーズ … 小さじ1
きゅうり … ½本
塩 … ひとつまみ
A ┌ 天かす … 大さじ2
 └ 白炒りごま … 大さじ1
のり … 3枚
白炒りごま、白すりごま(仕上げ用) … 各適量

作り方

1 えびは塩ゆでして火を通し、マヨネーズで和える。きゅうりは薄い輪切りにし、塩でもんで水気を絞る。

2 酢飯、1、Aをざっくり混ぜる。ラップに⅓量ずつのせて三角形ににぎり、のりを巻き、仕上げ用の白ごまをふる。

SAKE
鮭
おにぎり
この塩気が
ちょうどいい

スモークサーモンとクリチーでおにぎり

材料 小さめのおにぎり3個分

酢飯（▶P.11）… 茶碗多めの1杯分
スモークサーモン … 3枚
クリームチーズ … 1個（16.3g）
マヨネーズ … 小さじ½
青じそ … 3枚
白炒りごま、白すりごま（仕上げ用）… 各適量

作り方

1 スモークサーモンはひと口大に切る。クリームチーズは小さく切ってマヨネーズで和える。青じそは手で叩いて香りを出し、小さく切る。

2 酢飯、スモークサーモン、青じそをざっくり混ぜる。ラップに⅓量ずつのせ、クリームチーズを散らして三角形ににぎり、仕上げ用の白ごまをふる。

鮭とガリでおにぎり

材料 小さめのおにぎり3個分

酢飯（▶P.11）… 茶碗多めの1杯分
甘塩鮭 … ½切れ（または小さめ1切れ）
甘酢しょうが（ガリ）… 大さじ1〜
白炒りごま … 大さじ1
のり … 3枚
白炒りごま、白すりごま（仕上げ用）… 各適量

作り方

1 鮭はアルミホイルに包み、魚焼きグリルで7分ほど蒸し焼きにする。ホイルを開いて、さらに1分ほど焼いて焼き色をつけ、粗くほぐす。甘酢しょうがは食べやすい大きさに切る。

2 酢飯、**1**、白ごまをざっくり混ぜる。ラップに⅓量ずつのせて三角形ににぎり、のりを巻き、仕上げ用の白ごまをふる。

ピンクの
グラデーション
がキュート

鮭と枝豆チーズのおにぎり

鮭は蒸し焼きにすると、しっとりジューシー！
チーズと枝豆と一緒に混ぜれば、ボリュームもアップ。

材料 小さめのおにぎり3個分

ご飯 … 茶碗多めの1杯分
甘塩鮭 … ½切れ(または小さめ1切れ)
枝豆(塩ゆでしてさやから出す) … 大さじ3
プロセスチーズ … 1個(13.5g)
A ［ マヨネーズ … 小さじ1
　 　しょうゆ … 2〜3滴
白炒りごま … 大さじ1
のり … 3枚
白炒りごま、白すりごま(仕上げ用) … 各適量

作り方

1 鮭はアルミホイルに包み、魚焼きグリルで7分ほど蒸し焼きにする。ホイルを開いて、さらに1分ほど焼いて焼き色をつけ、粗くほぐす。プロセスチーズは小さく切ってAで和える。

2 ご飯、白ごま、1、枝豆をざっくり混ぜる。ラップに⅓量ずつのせて三角形ににぎり、のりを巻き、仕上げ用の白ごまをふる。

MENTAIKO
明太子
おにぎり

明太子と野沢菜でおにぎり

ご飯のお供をぜいたくにダブル使い！
明太子の辛味と野沢菜の酸味が相性良く、かみしめるほどにおいしい！

材料 小さめのおにぎり3個分

ご飯 … 茶碗多めの1杯分
明太子 … 1本(½腹)
野沢菜 … 約50g
白炒りごま … 大さじ1
のり … 3枚
白炒りごま、白すりごま（仕上げ用）… 各適量

作り方

1. 明太子の半量は薄皮を除いてほぐし、残りは飾り用に3等分に切って取り分けておく。野沢菜は細かく切る。
2. ご飯、**1**、白ごまをざっくり混ぜる。ラップに⅓量ずつのせて三角形ににぎり、のりを巻き、取り分けておいた明太子をのせ、仕上げ用の白ごまをふる。

お酒の
〆にぜひ

雑穀米の
歯応えも
楽しい

2
がっつり！
こんがり
バターしょうゆの
いいにおい！

明太子と クリチーでおにぎり

材料 小さめのおにぎり3個分

雑穀入りご飯（またはご飯）… 茶碗多めの1杯分
明太子 … 1本（½腹）
クリームチーズ … 1個（16.3g）
A［マヨネーズ … 小さじ½
　 しょうゆ … 2〜3滴
白炒りごま … 大さじ1

作り方

1 明太子は薄皮を除いてほぐす。クリームチーズは小さく切り、Aで和える。

2 ご飯、明太子、白ごまをざっくり混ぜる。ラップに⅓量ずつのせ、クリームチーズを散らして三角形ににぎる。

焼きおにぎり with 明太子

材料 小さめのおにぎり3個分

ご飯 … 茶碗多めの1杯分
明太子 … 1本（½腹）
青じそ … 1枚
白炒りごま … 大さじ1
A［しょうゆ … 小さじ1
　 みりん … 小さじ½〜1
バター … 小さじ1½

作り方

1 明太子は3等分に切る。青じそは叩いて香りを出し、小さく切る。

2 ご飯、白ごまをざっくり混ぜる。ラップに⅓量ずつのせて三角形ににぎる。

3 **2**に混ぜ合わせたAを半量塗り、魚焼きグリル（またはオーブントースター）でうっすら焼き色がつくまで焼く。途中で上下を返し、残りのAを塗ってバターを⅓量ずつのせ、焼き色がつくまで焼く。器に盛り、**1**をのせる。

UNAGI

うなぎ

おにぎり

うざくをイメージ。
ガリを混ぜても美味！

うなきゅうおにぎり

たまにはうなぎをたくさん混ぜ込んで、
パワーみなぎるぜいたくおにぎりを召し上がれ！ 山椒をまぶせば大人の味に。

材料 小さめのおにぎり3個分

酢飯（▶P.11、またはご飯）… 茶碗多めの1杯分
うなぎのかば焼き … ½枚
きゅうり … ½本
塩 … ひとつまみ
白炒りごま … 大さじ1
のり … 3枚
白炒りごま、白すりごま（仕上げ用）… 各適量

作り方

1 うなぎはタレをかけてアルミホイルに包み、魚焼きグリル（またはオーブントースター）で3～4分温め、ひと口大に切る。きゅうりは薄い輪切りにし、塩でもんで水気を絞る。

2 ご飯、1、白ごまをざっくり混ぜる。ラップに⅓量ずつのせて三角形ににぎり、のりを巻き、仕上げ用の白ごまをふる。

IKURA
いくら
おにぎり
キラキラ
いくらが、
ま、まぶしい☆

キムチで焼きおにぎり with いくら

材料 小さめのおにぎり3個分

ご飯 … 茶碗多めの1杯分
いくら（しょうゆ漬け）… 100g
白菜キムチ … 50g
青じそ … 3枚
白炒りごま … 大さじ1
A ［ しょうゆ … 小さじ1
　 みりん … 小さじ½〜1
　 ごま油 … 小さじ½
キムチの漬けだれ（好みで）… 大さじ2

作り方

1 キムチは小さく切る。青じそは手で叩いて香りを出し、小さく切る。
2 ご飯、1、白ごまをざっくり混ぜ、ラップに⅓量ずつのせて三角形ににぎる。
3 2に混ぜ合わせたAを半量塗り、魚焼きグリル（またはオーブントースター）でうっすら焼き色がつくまで焼く。途中で上下を返し、残りのAを塗って焼き色がつくまで焼く。器に盛り、いくらをのせ、キムチの漬けだれをかける。

いくらと菜の花で酢飯おにぎり

鶏卵×魚卵
でルンルン
卵祭り

材料 小さめのおにぎり3個分

酢飯（▶P.11）… 茶碗多めの1杯分
いくら（しょうゆ漬け）… 大さじ2
菜の花 … 5本くらい
炒り卵（▶P.37）… 卵1個分
のり … 3枚

作り方

1 菜の花は塩ゆでし、細かく刻む。
2 酢飯、1、炒り卵をざっくり混ぜる。ラップに⅓量ずつのせて三角形ににぎり、のりを巻き、いくらをのせる。

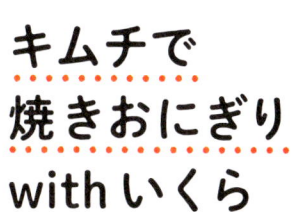

KIMUCHI
キムチ
おにぎり
キムチと
チーズは
好相性

辛味と
甘みの
ハーモニー

キムチチーズの焼きおにぎり

材料 小さめのおにぎり3個分

ご飯 … 茶碗多めの1杯分
白菜キムチ … 40g
プロセスチーズ … 1個(13.5g)
青じそ … 3枚
白炒りごま … 大さじ1
A しょうゆ … 小さじ1
　みりん … 小さじ½〜1
　ごま油 … 小さじ½
白炒りごま、白すりごま(仕上げ用) … 各適量

作り方

1 キムチ、プロセスチーズは小さく切る。青じそは手で叩いて香りを出し、小さく切る。
2 ご飯、**1**、白ごまをざっくり混ぜ、ラップに⅓量ずつのせて三角形ににぎる。
3 **2**に混ぜ合わせたAを半量塗り、魚焼きグリル(またはオーブントースター)でうっすら焼き色がつくまで焼く。途中で上下を返し、残りのAを塗って焼き色がつくまで焼く。仕上げ用の白ごまをふる。

キムチコーンの焼きおにぎり

材料 小さめのおにぎり3個分

ご飯 … 茶碗多めの1杯分
白菜キムチ … 50g
プロセスチーズ … 1個(13.5g)
コーン(冷凍) … 大さじ3
白炒りごま … 大さじ1
A しょうゆ … 小さじ1
　みりん … 小さじ½〜1
　ごま油 … 小さじ½
白炒りごま、白すりごま(仕上げ用) … 各適量

作り方

1 キムチ、プロセスチーズは小さく切る。コーンはゆでる。
2 ご飯、**1**、白ごまをざっくり混ぜる。ラップに⅓量ずつのせて三角形ににぎる。
3 **2**に混ぜ合わせたAを半量塗り、魚焼きグリル(またはオーブントースター)でうっすら焼き色がつくまで焼く。途中で上下を返し、残りのAを塗って焼き色がつくまで焼く。仕上げ用の白ごまをふる。

キムチチャーハンおにぎり

仕上げにかける赤唐辛子がおいしさ＆映えポイント！
宅配ピザなどについてくる小袋入りスパイスを捨てずに活用しています。

材料 小さめのおにぎり3個分

ご飯 … 茶碗多めの1杯分
白菜キムチ … 50g
豚バラ薄切り肉 … 50g
卵 … 1個
小ねぎ（小口切り）… 1本
しょうゆ … 大さじ½
塩、こしょう … 各少々
ごま油 … 大さじ½〜
唐辛子フレーク（好みで）… 適量

作り方

1 キムチ、豚肉は小さく切る。卵は溶きほぐす。

2 フライパンにごま油を入れて中火で熱し、溶き卵を加え、ふんわりと混ぜて半熟状になったら取り出す。

3 **2**のフライパンを中火にかけ、キムチ、豚肉、小ねぎを炒める。肉に火が通ったらご飯を加えてざっくり混ぜ、鍋肌からしょうゆを加え、塩、こしょうで味をととのえる。

4 火を止めて**2**（仕上げ用に一部取り分ける）を戻し入れ、ざっくり混ぜる。ラップに⅓量ずつのせて三角形ににぎり、仕上げ用の**2**をのせ、唐辛子フレークをふる。

WESTERN
洋風
スープ

ゴロゴロじゃがいもスープ

具材は大きめにカットして、食べ応えを出して。仕上げの粉チーズをパルミジャーノ・レッジャーノに替えると、もっとおいしい！

材料 2人分

じゃがいも … 4個(400g)
玉ねぎ … ¼個
ブロックベーコン … 40g
しめじ … ひとつかみ
にんにく(つぶす) … 1かけ
オリーブオイル … 大さじ2
A ［ 水 … 400mℓ
　 固形コンソメ … 1個
塩、こしょう … 各少々
粉チーズ、粗びき黒こしょう
　(各好みで) … 各適量

作り方

1 じゃがいもは6～8等分に切り、玉ねぎは薄切りにする。ベーコンは1cm幅に切る。しめじは大きめにほぐす。

2 鍋にオリーブオイルを入れて弱火で熱し、にんにくを炒める。香りが立ったら玉ねぎ、ベーコンを加えて中火で炒め、油が全体になじんだら、じゃがいも、しめじ、Aを加える。煮立ったらふたをして弱火でじゃがいもがやわらかくなるまで煮る。塩、こしょうで味をととのえ、粉チーズ、粗びき黒こしょうをふる。

スープの
うまみがしみ込んだ
おいもが大優勝

朝ごはんが
これなら
1日しあわせ♡
2
がっつり！

もったりじゃがいもスープ

とろっと濃厚な口当たりがやみつきに！
ミキサーやブレンダー不要で、とっても簡単です。

材料 2人分

じゃがいも … 4個(400g)
玉ねぎ … ¼個
にんにく(つぶす・好みで)
… 1かけ
オリーブオイル … 大さじ1～
小麦粉 … 大さじ1
A ［水 … 200mℓ
　 固形コンソメ … 1個
牛乳 … 200mℓ
バター … 大さじ½
塩、こしょう … 各少々
オリーブオイル(仕上げ用)、
粗びき黒こしょう(各好みで)
…各適量

作り方

1 じゃがいもは1cm幅のいちょう切りにする。玉ねぎは薄切りにする。

2 鍋にオリーブオイルを入れて弱火で熱し、にんにくを炒める。香りが立ったら玉ねぎを加えて中火で炒め、しんなりしたらじゃがいもを加えて炒める。油が全体になじんだら小麦粉を加えて炒める。粉気がなくなったらAを加え、煮立ったらふたをして弱火でじゃがいもがやわらかくなるまで煮る。

3 火を止めてマッシャーなどで具材をつぶし、なめらかになったら牛乳を加える。中火にかけ、煮立つ直前でバターを加え、火を止める。塩、こしょうで味をととのえて器に盛り、仕上げ用のオリーブオイルをひと回しして粗びき黒こしょうをふる。

POINT

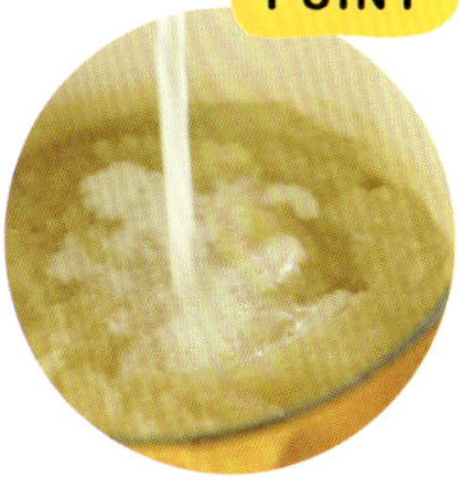

じゃがいもをつぶしてから牛乳を加えて。つぶし具合は好みで調整を。

WESTERN
洋風
スープ

もったりトマトスープ

トマト缶を使って、手軽に濃厚なトマトスープを。
スープの素として冷凍することもできるので、多めに作っておくと便利(▶ P.72) ！

材料 2人分

玉ねぎ … 1/4個
にんにく(つぶす) … 1かけ
オリーブオイル … 大さじ1
A ［トマト缶(ホール) … 1缶(400g)
水 … 200mℓ〜(好みの濃さで)
砂糖 … 大さじ1/2
固形コンソメ … 1個］
B ［しょうゆ、バター … 各大さじ1/2］
塩、こしょう … 各少々
粉チーズ、ドライパセリ、チーズトースト(各好みで) … 各適量

作り方

1 玉ねぎは薄切りにする。

2 鍋にオリーブオイルを入れて弱火で熱し、にんにくを炒める。香りが立ったら1を加えて中火で炒め、油が全体になじんだらAを加える。煮立ったらふたをし、弱火で玉ねぎがやわらかくなるまで煮る。

3 火を止めてマッシャーなどで具材をつぶし、Bを加えて軽く混ぜる。塩、こしょうで味をととのえて器に盛り、粉チーズ、パセリをふってチーズトーストを添える。

ブロッコリーのスープ

**野菜不足だなあと感じたら、栄養満点ブロッコリーのスープでチャージして！
トーストを添えれば、しあわせ朝ごはんが完成です。**

材料 2人分

ブロッコリー … ½株
玉ねぎ … ½個
じゃがいも … 2個(200g)
オリーブオイル … 大さじ1〜
A ［ 水 … 200mℓ
　　固形コンソメ … 1個
牛乳 … 200mℓ
バター … 大さじ½
塩、こしょう … 各少々
オリーブオイル(仕上げ用)、トースト(各好みで) … 各適量

作り方

1 ブロッコリーは粗みじん切りにする。玉ねぎは薄切りにする。じゃがいもは2cm角に切る。

2 鍋にオリーブオイルを入れて中火で熱し、玉ねぎを炒める。しんなりしたらブロッコリー、じゃがいもを加えて炒め、油が全体になじんだらAを加える。煮立ったらふたをして弱火でじゃがいもがやわらかくなるまで煮る。

3 火を止めて仕上げ用のブロッコリーを一部取り分ける。マッシャーなどで具材をつぶし、なめらかになったら牛乳を加える。中火にかけ、煮立つ直前でバターを加え、火を止める。塩、こしょうで味をととのえて器に盛り、仕上げ用のオリーブオイルをひと回しして仕上げ用のブロッコリー、トーストを添える。

POINT

煮立ったら弱火にし、ふたをして煮ると、具材の火の通りが早くなります。

WESTERN
洋風
スープ

かぼちゃのスープ

栄養たっぷりのかぼちゃの皮ごと煮込んでスープに！
冷凍してもホクホク食感がキープできるので、
作り置きもおすすめです（▶P.72）。

材料 2人分

かぼちゃ … ¼個(250g)
玉ねぎ … ¼個
オリーブオイル … 大さじ1〜
A［水 … 200mℓ
　 固形コンソメ … 1個
牛乳 … 200mℓ
バター … 大さじ½
塩、こしょう … 各少々
粗びき黒こしょう
（好みで）… 適量

作り方

1 かぼちゃは2〜3cm角に切る。玉ねぎは薄切りにする。
2 鍋にオリーブオイルを入れて中火で熱し、玉ねぎを炒める。玉ねぎがしんなりしたらかぼちゃを加えて炒め、油が全体になじんだらAを加える。煮立ったらふたをして弱火でかぼちゃがやわらかくなるまで煮る。
3 火を止めてマッシャーなどで具材をつぶし、なめらかになったら牛乳を加える。中火にかけ、煮立つ直前でバターを加え、火を止める。塩、こしょうで味をととのえて器に盛り、粗びき黒こしょうをふる。

ゴロッと感がいい感じ！

おいしい
さつまいもが
手に入ったら
お試しを

さつまいもポタージュ

近所のカリスマ農家がくれたさつまいものおかげで、目にもおいしい黄色に！
さつまいもの甘味にほっこりします。

材料 2人分

さつまいも … 1本(300g)
玉ねぎ … ¼個
オリーブオイル … 大さじ1〜
A［水 … 200mℓ
　 コンソメ … 1個
牛乳 … 200mℓ
バター … 大さじ½
塩、こしょう … 各少々
オリーブオイル(仕上げ用)、
　さつまいも(仕上げ用・焼いたもの)、
　粗びき黒こしょう(各好みで) …各適量

作り方

1 さつまいもは2〜3cm角に切り、水に10分ほどさらして水気をきる。玉ねぎは薄切りにする。

2 鍋にオリーブオイルを入れて中火で熱し、玉ねぎを炒める。しんなりしたらさつまいもを加えて炒め、油が全体になじんだらAを加える。煮立ったらふたをして弱火でさつまいもがやわらかくなるまで煮る。

3 火を止めてマッシャーなどで具材をつぶし、なめらかになったら牛乳を加える。中火にかけ、煮立つ直前でバターを加え、火を止める。塩、こしょうで味をととのえて器に盛り、仕上げ用のオリーブオイルをひと回しして粗びき黒こしょうをふり、焼いたさつまいもを添える。

WESTERN
洋風
スープ
隠し味に
しょうゆを
たらり

余った
野菜を全部
入れちゃえ！

さつまいもの ミルクチーズスープ

材料 2人分

さつまいも … 1本弱（250g）
玉ねぎ … ½個
オリーブオイル … 大さじ1
A［水 … 200mℓ
　 固形コンソメ … 1個
B［牛乳 … 200mℓ
　 スライスチーズ … 2枚
バター … 大さじ½
C［しょうゆ … 大さじ½
　 塩、こしょう … 各少々
オリーブオイル（仕上げ用）、粗びき黒こしょう（各好みで）… 各適量

作り方

1 さつまいもは2～3cm角に切り、水に10分ほどさらして水気をきる。玉ねぎは薄切りにする。

2 鍋にオリーブオイルを入れて中火で熱し、玉ねぎを炒める。しんなりしたらさつまいもを加えて炒め、油が全体になじんだらAを加える。煮立ったらふたをして弱火でさつまいもがやわらかくなるまで煮る。

3 火を止めてマッシャーなどで具材を軽くつぶし、Bを加える。中火にかけ、煮立つ直前でバターを加え、火を止める。Cで味をととのえ、仕上げ用のオリーブオイルをひと回しして粗びき黒こしょうをふる。

ありもの ミルクチーズスープ

材料 2人分

ブロックベーコン … 40g
玉ねぎ … ¼個
にんじん … ⅓本
じゃがいも … 2個（200g）
ブロッコリー … 4房
コーン（冷凍）… 大さじ3
オリーブオイル … 大さじ1
A［水 … 200mℓ
　 固形コンソメ … 1個
B［牛乳 … 200mℓ
　 スライスチーズ … 2枚
塩、こしょう … 各少々
オリーブオイル（仕上げ用）… 適量

作り方

1 玉ねぎは薄切りにする。ベーコンは1cm幅、にんじんは1cm角、じゃがいもは2～3cm角に切る。ブロッコリーは一口大に切る。

2 鍋にオリーブオイルを入れて中火で熱し、玉ねぎ、ベーコンを炒める。玉ねぎがしんなりしたらにんじん、じゃがいもを加えて炒め、油が全体になじんだらAを加える。煮立ったらふたをして弱火で野菜がやわらかくなるまで煮る。

3 ブロッコリー、コーン、Bを加え、中火にして煮立つ直前で火を止める。塩、こしょうで味をととのえ、仕上げ用のオリーブオイルをひと回しする。

芯ごと
煮込んでうまみ
ゲット

とうもろこしスープ

材料 2人分

とうもろこし … 1本
玉ねぎ … ¼個
オリーブオイル … 大さじ2
A［水 … 200㎖
　塩 … 小さじ½〜
牛乳 … 200㎖
塩、こしょう … 各少々
粗びき黒こしょう、
　トースト
　（各好みで）… 各適量

作り方

1 とうもろこしは包丁で実をそぎ取り、芯は半分の長さに切る。玉ねぎは薄切りにする。

2 鍋にオリーブオイルを入れて中火で熱し、玉ねぎを炒める。玉ねぎがしんなりしたらとうもろこしの実を加えて炒め、油が全体になじんだらとうもろこしの芯、Aを加える。煮立ったらふたをして弱火で5分ほど煮る。

3 牛乳を加え、煮立つ直前で火を止め、塩、こしょうで味をととのえる。器に盛って粗びき黒こしょうをふり、トーストを添える。

プチプチコーン
ともったり
じゃがいもの虜

コーンとじゃがいものスープ

材料 2人分

コーン（冷凍）… 大さじ4
じゃがいも … 3個
玉ねぎ … 1個
オリーブオイル … 大さじ1
A［水 … 200㎖
　固形コンソメ … 1個
牛乳 … 200㎖
バター … 大さじ½
塩、こしょう … 各少々
オリーブオイル（仕上げ用）、
　粗びき黒こしょう
　（各好みで）… 各適量

作り方

1 じゃがいもは2〜3㎝角に切る。玉ねぎは薄切りにする。

2 鍋にオリーブオイルを入れて中火で熱し、玉ねぎを炒める。玉ねぎがしんなりしたらじゃがいもを加えて炒め、油が全体になじんだらAを加える。煮立ったらふたをして弱火でじゃがいもがやわらかくなるまで煮る。

3 火を止めてマッシャーなどで具材をつぶし、なめらかになったらコーン、牛乳を加える。中火にかけ、煮立つ直前でバターを加え、火を止める。塩、こしょうで味をととのえ、仕上げ用のオリーブオイルをひと回しして粗びき黒こしょうをふる。

JAPANESE

和風

スープ

小松菜とバターコーンのMisoスープ

**あとのせバターがじゅわ〜っと溶けて食欲をそそります。
「みそ汁」というより「Misoスープ」と呼びたい、和洋折衷のおいしさ。**

材料 2人分

小松菜 … 1株
コーン(冷凍) … 大さじ4
だし汁 … 400mℓ
みそ … 大さじ1〜
バター … 大さじ½〜1

作り方

1 小松菜は4〜5cm長さに切る。
2 鍋にだし汁を入れて中火にかけ、煮立ったら**1**、コーンを加えてひと煮立ちさせる。
3 火を止めてみそを溶き入れる。器に盛り、バターをのせる。

豚肉ともやしでMisoスープ

**しょうが&にんにくのパンチが効いた、ガツンとした味。
私は地元の赤出しみそを使いますが、自分好みのみそでOK！**

材料 2人分

豚こま切れ肉 … 100g
もやし … ½〜1袋
しょうが、にんにく(各すりおろし)
… 各1かけ分
ごま油 … 大さじ1
A ［水 … 400mℓ
中華スープの素 … 大さじ½
みそ … 大さじ1〜
塩、こしょう … 各少々
小ねぎ(小口切り)、
白炒りごま、赤唐辛子フレーク
(各好みで) … 各適量

作り方

1 鍋にごま油を入れて弱火で熱し、しょうが、にんにくを炒める。香りが立ったら豚肉を加え、中火で炒める。肉の色が変わったらAを加え、煮立ったらもやしを加える。
2 さっと煮たら火を止めてみそを溶き入れる。塩、こしょうで味をととのえて器に盛り、小ねぎ、白ごま、赤唐辛子フレークをふる。

POINT

「豚肉ともやしでMisoスープ」は、みそラーメンの麺なしバージョンのイメージ。もやしは麺の代わりなので、どっさり入れて。みそを替えて味の違いを楽しむのもおすすめです。

バターの
背徳感があと引く
おいしさ！

みそラーメン民
の胃袋
わしづかみ！

POINT

「ありものスープ」はおうちにある半端な野菜で作るスープのこと。具材は写真と違ってもOK。そのとき冷蔵庫に残っているものをかき集めて煮込みます。

ありものカレースープ

子どもから大人までみんなが好きなカレー味なら、野菜をモリモリ食べられます！ 辛いもの好きなら、カレー粉を増量しても。

材料 2人分

ソーセージ … 2本
じゃがいも … 1個
にんじん … ¼個
ブロッコリー … 3房
オリーブオイル … 大さじ1
カレー粉 … 小さじ½
コーン（冷凍） … 大さじ2
A［水 … 400㎖
　固形コンソメ … 1個
しょうゆ … 大さじ½
塩、こしょう … 各少々
オリーブオイル
（仕上げ用）、
粗びき黒こしょう
（好みで）
… 各適量

作り方

1 ソーセージは1cm幅の輪切りにする。
2 じゃがいもは2～3cm角に、にんじんは1cm角に切る。ブロッコリーは一口大に切る。
3 鍋にオリーブオイルを入れて中火で熱し、**1**、カレー粉を炒める。**2**、コーン、Aを加えて煮立て、弱火にしてふたをし、野菜がやわらかくなるまで煮る。
4 火を止めてしょうゆを加え、塩、こしょうで味をととのえる。器に盛って、仕上げ用のオリーブオイルをひと回しし、粗びき黒こしょうをふる。

2
がっつり！
卵を加えても
激うま！

スンドゥブ風スープ

材料 2人分

白菜キムチ … 100g
ごぼう … 10cm
にら … 1束
絹ごし豆腐 … 150g
ごま油 … 大さじ1
A［水 … 400mℓ
　 中華スープの素 … 大さじ½
塩、こしょう … 各少々
白すりごま … 大さじ2〜
赤唐辛子フレーク、ラー油、コチュジャン（各好みで）… 各適量

作り方

1 キムチはざく切りにする。ごぼうはささがきにし、水に5分ほどさらして水気をきる。にらは食べやすい長さに切る。

2 鍋にごま油を入れて中火で熱し、ごぼうを炒める。油が全体になじんだらキムチ、Aを加える。煮立ったら豆腐を加えて粗くくずす。にらを加えてふたをし、3〜4分煮る。塩、こしょうで味をととのえ、白ごま、赤唐辛子フレークをふり、コチュジャンを添え、ラー油をかける。

ぷりぷり
えびが
たまらない！

えびと白菜スープ

材料 2人分

むきえび … 4尾
白菜の葉 … 2〜3枚
卵 … 1個
ごま油 … 大さじ1
A［水 … 400mℓ
　 中華スープの素 … 大さじ½
塩、こしょう…各少々
水溶き片栗粉
　［水溶き片栗粉 … 大さじ1
　 水 … 大さじ2
白炒りごま、酢、ラー油（各好みで）… 各適量

作り方

1 えびはぶつ切りにする。白菜はざく切りにする。卵は溶きほぐす。

2 鍋にごま油を入れて中火で熱し、えび、白菜を炒める。油が全体になじんだらAを加える。煮立ったら塩、こしょうで味をととのえ、水溶き片栗粉でとろみをつける。溶き卵を流し入れ、再び煮立ったら火を止める。白ごまをふり、酢、ラー油をかける。

魚焼きグリルって便利です！

魚焼グリルを魚にしか使わないなんて、損しているかも！ 高温の魚焼きグリルは、短時間で素材をおいしく焼く天才。おにぎりやスープのアレンジにも活躍します。

Onigiri アレンジ

五平餅風焼きおにぎり

愛知県民が大好きな、みそが主役の焼きおにぎり。
こんがりと焼けた甘みその香ばしさがたまりません。

材料 ミニミニおにぎり6個分

ご飯 … 茶碗多めの1杯分
A［砂糖 … 大さじ3〜4
　白すりごま … 大さじ1〜
　みそ、酒 … 各大さじ1
　しょうゆ … 大さじ½
　しょうが（すりおろし）… 適量
白すりごま（仕上げ用）… 適量

作り方

1 ラップにご飯を⅙量ずつのせて三角形ににぎる。魚焼きグリルでうっすら焼き色がつくまで焼く。

2 混ぜ合わせたAを1に塗り、表面がこんがりするまで魚焼きグリルでさらに焼く。仕上げ用の白ごまをふる。

POINT

まずは合わせみそを塗らない状態で焼いて、香ばしさを引き出して。

同じ材料で焼きおにぎりにしてもおいしい。三角形ににぎる場合、シュレッドチーズを中心に入れて。

Onigiri アレンジ

ミニトマトとチーズでご飯ピザ＆焼きおにぎり

ご飯ピザはおにぎりをにぎるのが面倒なときにおすすめの方法。ほかの焼きおにぎりでも作れます。高温で焼いたミニトマトが甘酸っぱい！

材料 ご飯ピザ１枚分

ご飯 … 茶碗多めの1杯分
ミニトマト … 6個
シュレッドチーズ … ひとつかみ(50g)
白炒りごま … 大さじ1
A しょうゆ … 小さじ1
　みりん … 小さじ½〜1
　ごま油 … 小さじ½

作り方

1 ミニトマトはヘタを除いて小さく切る。ご飯、白ごまとざっくり混ぜる。

2 アルミホイルに**1**を広げ、シュレッドチーズをのせる。混ぜ合わせたAを塗り、魚焼きグリルで焼き色がつくまで焼く。

POINT

タレはハケなどを使わず、スプーンでかければOK！

Soup アレンジ

じゃがいもスープのグラタン仕立て

じゃがいもスープを
グリルでしっかり焼き、
水分を飛ばしたとろ〜り濃厚な
グラタン風メニュー。

材料 1人分

もったりじゃがいもスープ（▶P.57）
… 200mℓ
シュレッドチーズ
… ひとつかみ(50g)
パン粉 … 大さじ1
粉チーズ(好みで) … 適量

作り方

1 耐熱容器にもったりじゃがいもスープを入れて全体にシュレッドチーズをのせ、パン粉をかける。粉チーズをふり、魚焼きグリルで焼き色がつくまで焼く。

魚焼きグリル調理のPOINT

かなりの高温なので専用の器を

グリルの庫内は、300℃以上の超高温。オーブンよりも高いため、対応している耐熱容器を使って。

片面焼きと両面焼きがある

片面焼きタイプは、途中で食材の上下を返す必要があります。両面焼きタイプなら、上下を返す必要はないので便利。

Soup アレンジ

簡単オニオングラタンスープ

玉ねぎスープにトーストとチーズをのせてグリルで焼けば、あっという間にオニオングラタンスープ風！ 飴色に炒める手間を省いて、甘くとろける玉ねぎが味わえます。

材料 1人分

ささっと玉ねぎスープ（▶P.84）… 100mℓ
食パン … ½枚
シュレッドチーズ … 30g

作り方

1 食パンは魚焼きグリルでこんがりと焼く。
2 耐熱容器にささっと玉ねぎスープを入れ、**1**をのせる。全体にシュレッドチーズをかけ、魚焼きグリルで焼き色がつくまで焼く。

COLUMN 2

冷凍作り置きで便利！ スープの素

一部のスープは、水分を少なく作って冷凍することも可能。冷凍用保存袋に入れて菜箸で袋の上から筋をつけておくと、解凍時に半量ずつ割って使うことができます。

※冷凍スープの素は冷凍庫で１カ月程度保存可能

冷凍かぼちゃスープの素

材料 １袋分

かぼちゃ … ¼個(250g)
玉ねぎ … ¼個
オリーブオイル … 大さじ1〜
A［水 … 200mℓ
　 固形コンソメ … 1個

作り方

1 かぼちゃは2〜3cm角に切る。玉ねぎは薄切りにする。

2 鍋にオリーブオイルを入れて中火で熱し、玉ねぎを炒める。玉ねぎがしんなりしたらかぼちゃを加えて炒め、油が全体になじんだらAを加える。煮立ったらふたをして弱火でかぼちゃがやわらかくなるまで煮る。

3 火を止めてマッシャーでなどで具材をざっくりつぶす。

4 粗熱が取れたら冷凍用保存袋に入れ、空気を抜いて袋の口を閉じ、冷凍する。

《 食べるときは 》

１人分ずつ食べる場合は、鍋に凍ったままのかぼちゃスープの素を½袋をポキッと折って牛乳とともに入れ、温めて調味料で味をととのえればOK（参照P.60）。スープのほか、グラタンなどにアレンジすることもできます。

冷凍トマトスープの素

材料 １袋分

玉ねぎ … ¼個
にんにく（つぶす）… 1かけ
オリーブオイル … 大さじ1
A［トマト缶（ホール）… 1缶(400g)
　 砂糖 … 大さじ½
　 固形コンソメ … 1個
しょうゆ … 大さじ½

作り方

1 玉ねぎは薄切りにする。

2 鍋にオリーブオイルを入れて弱火で熱し、にんにくを炒める。香りが立ったら**1**を加えて中火で炒め、油が全体になじんだらAを加える。ふたをして弱火で玉ねぎがやわらかくなるまで煮る。

3 火を止めてマッシャーなどで具材をつぶし、しょうゆを加えて軽く混ぜる。

4 粗熱が取れたら冷凍用保存袋に入れ、空気を抜いて袋の口を閉じ、冷凍する。

《 食べるときは 》

１人分ずつ食べる場合は、鍋に凍ったままのトマトスープの素を½袋をポキッと折って水とともに入れ、温めて調味料で味をととのえればOK（参照P.58）。スープのほか、トマトパスタのソースや、トマト煮込みのベースなどに活用すると、料理の時短になります！

PART

3

あっさり！食べたい日のおにぎりとスープ

今日は軽めに済ませたい……。
そんなときにおすすめのおにぎりとスープをピックアップ。
やさしい味わいに身も心もほっこりするはず。

塩おにぎり

一度食べたら忘れられない、最高の塩おにぎり！
ふっくらつやつやに炊いたご飯と塩が味の決め手です。

＼藻塩／

海藻のうまみが加わったまろやかな塩味の藻塩を使うと、塩おにぎりがより一層おいしくなります。シンプルだからこそ、自分好みの塩で味わって。

材料 小さめのおにぎり3個分

ご飯
（米油を加えて炊いたもの・右記参照）
… 茶碗多めの1杯分
好みの塩 … 適量

作り方

1 ラップに塩少々をふり、ご飯を⅓量ずつのせる。ご飯に塩少々をふって三角形ににぎる。

POINT

最高の塩おにぎりを作るには、米2合につき、米油小さじ½を加えてから炊くのがおすすめ。古米や特売の米も、高級米のような味わいに！

UME
梅
おにぎり

富士山おにぎり with 初日の出

ハレの日
おにぎり

梅干しを初日の出に見立てた、縁起がよろしいハッピーおにぎり。いろんな具を入れておみくじみたいに楽しんで！

材料 小さめのおにぎり3個分

ご飯 … 茶碗多めの1杯分
梅干し … 3個
青じそ … 3枚
卵焼き（下記参照）… 3切れ
白炒りごま … 大さじ1
塩 … 適量
のり … 3枚
スパゲッティ … 1本（3等分に切る）

作り方

1 のりは短い2辺をハサミでギザギザに切る。
2 青じそは手で叩いて香りを出し、小さく切る。ご飯、白ごまとざっくり混ぜる。
3 ラップに塩少々をふり、**2**を⅓量ずつ広げ、中心に卵焼きを1切れずつのせる。三角形ににぎって**1**を巻く。梅干しにスパゲッティを刺し、おにぎりに刺す。

卵焼きの作り方

ボウルに卵2個、水大さじ1、マヨネーズ・砂糖各大さじ½、塩ひとつまみを入れてよく混ぜる。卵焼き器にサラダ油大さじ⅓を入れて熱し、卵液の⅓量を流し入れてくるくると巻く。これを3回繰り返し、焼き上がったらひと口大に切る。

UME
梅
おにぎり

梅干し 天かす 青じそで おにぎり

梅と青じそのさっぱりコンビに、天かすでコクをプラスします。リピート率No.1の王道の味！

材料 小さめのおにぎり3個分

ご飯 … 茶碗多めの1杯分
梅干し … 2〜3個
天かす … 大さじ2
めんつゆ（4倍濃縮）
… 大さじ½〜1
青じそ … 3枚
白炒りごま … 大さじ1
のり … 3枚
白炒りごま、白すりごま
（仕上げ用）… 各適量

作り方

1 梅干しは種を除いて小さく切る（仕上げ用に一部取り分ける）。天かすはめんつゆで和える。青じそは手で叩いて香りを出し、小さく切る。

2 ご飯、**1**、白ごまをざっくり混ぜる。ラップに⅓量ずつのせて三角形ににぎり、のりを巻き、仕上げ用の梅干しをのせ、仕上げ用の白ごまをふる。

汁も
飲み干しちゃう
ほどおいしい

3
あっさり!
菜っぱで
ビタミン
チャージ!

焼きおにぎり梅茶漬け

材料 小さめのおにぎり3個分

ご飯 … 茶碗多めの1杯分
梅干し … 3個
青じそ … 3枚
A［かつお節 … 1パック(2.5g)
　白炒りごま … 大さじ1
B［しょうゆ … 小さじ1
　みりん … 小さじ½〜1
　ごま油 … 小さじ½
好みのお茶 … 適量

作り方

1 梅干しは種を除いて小さく切る。青じそは手で叩いて香りを出し、小さく切る。

2 ご飯、青じそ、Aをざっくり混ぜる。ラップに⅓量ずつのせて三角形ににぎる。

3 2に混ぜ合わせたBを半量塗り、魚焼きグリル（またはオーブントースター）でうっすら焼き色がつくまで焼く。途中で上下を返し、残りのBを塗り、焼き色がつくまで焼く。器に盛り、梅干しをのせ、お茶を注ぐ。

梅干し塩昆布菜っぱおにぎり

材料 小さめのおにぎり3個分

ご飯 … 茶碗多めの1杯分
梅干し … 2個
小松菜 … 1株
A［塩昆布 … 大さじ1
　白炒りごま … 大さじ1
のり … 3枚
白炒りごま、白すりごま（仕上げ用）… 各適量

作り方

1 梅干しは種を除いて小さく切る。小松菜は塩ゆでして水気を絞り、細かく刻む。

2 ご飯、1、Aをざっくり混ぜる。ラップに⅓量ずつのせて三角形ににぎり、のりを巻き、仕上げ用の白ごまをふる。

SIRASU
しらす
おにぎり
小松菜を
大根の葉に
しても◎

しらす天かす菜っぱおにぎり

材料 小さめのおにぎり3個分

ご飯 … 茶碗多めの1杯分
しらす … 大さじ2〜3
小松菜 … 1株
天かす … 大さじ1〜
めんつゆ(4倍濃縮) … 小さじ1〜
白炒りごま … 大さじ1
白炒りごま、白すりごま(仕上げ用) … 各適量

作り方

1 小松菜は塩ゆでして水気を絞り、細かく刻む。天かすはめんつゆで和える。

2 ご飯、1、白ごまをざっくり混ぜる。ラップに ⅓ 量ずつのせて三角形ににぎり、仕上げ用の白ごまをふる。

梅しらすおにぎり

材料 小さめのおにぎり3個分

ご飯 … 茶碗多めの1杯分
梅干し … 2個
青じそ … 3枚
A ［ しらす … 大さじ2〜3
　 　白炒りごま … 大さじ1
白炒りごま、白すりごま(仕上げ用) … 各適量

作り方

1 梅干しは種を除いて小さく切る。青じそは手で叩いて香りを出し、小さく切る。

2 ご飯、しらす、1、Aをざっくり混ぜる。ラップに⅓量ずつのせて三角形ににぎり、仕上げ用の白ごまをふる。

間違いのない
組み合わせ

ほっとする
やさしい
味わい

しらす入り炒り卵の酢飯おにぎり

しらすの塩気と酢飯の甘酸っぱさのバランスが◎。
ふわふわ炒り卵はどっさり入れて、やさしくにぎって。

材料 小さめのおにぎり3個分

酢飯（▶P.11）
　… 茶碗多めの1杯分
炒り卵（▶P.37）… 卵1〜2個分
A ［しらす … 大さじ2〜3
　 白炒りごま … 大さじ1
白炒りごま、白すりごま（仕上げ用）… 各適量

作り方

1 酢飯、炒り卵、Aをざっくり混ぜる。ラップに⅓量ずつのせて三角形ににぎり、仕上げ用の白ごまをふる。

SIOKONBU
塩昆布
おにぎり

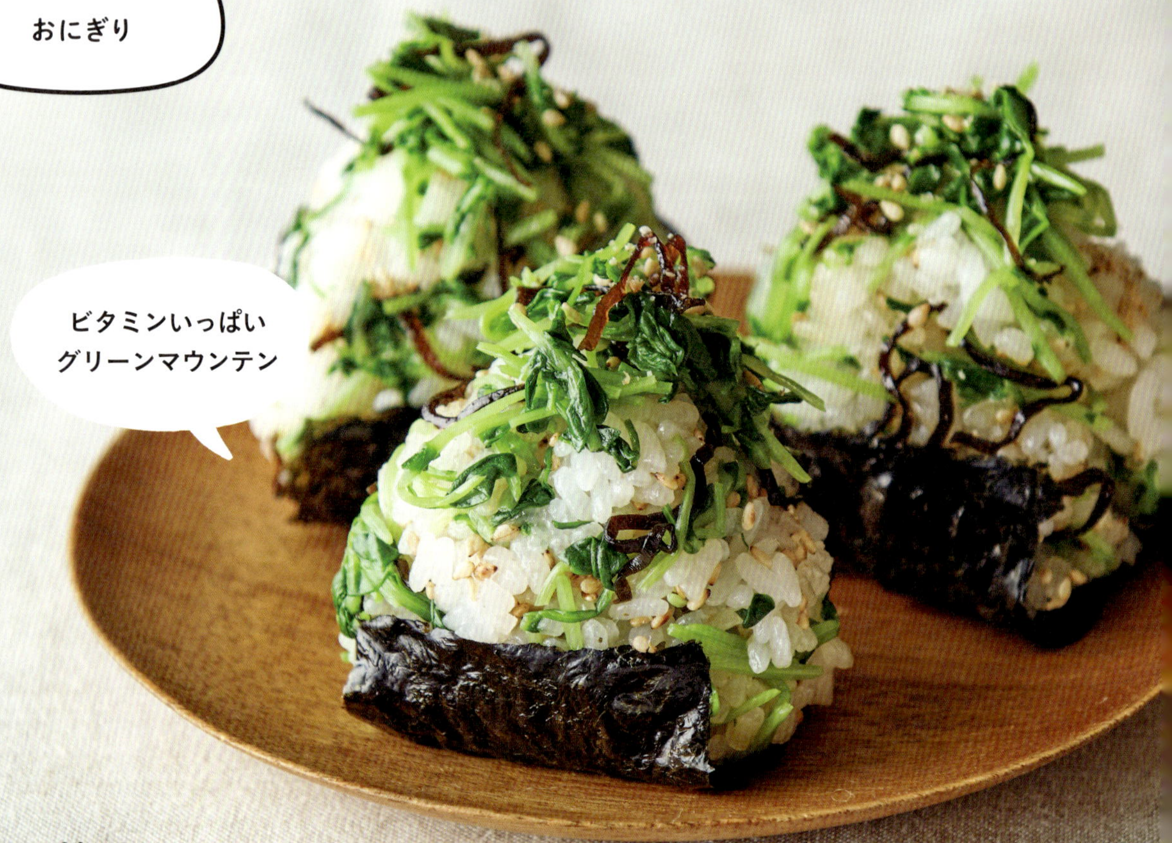

豆苗と
塩昆布ナムルでおにぎり

**ナムルと言ってもにんにく抜きのさっぱり味。
豆苗のシャキシャキ歯応えがクセになります。**

材料 小さめのおにぎり3個分

ご飯 … 茶碗多めの1杯分
豆苗ナムル(右記参照) … 大さじ3
白炒りごま … 大さじ1
のり … 3枚
白炒りごま、白すりごま
　(仕上げ用) … 各適量

作り方

1 ご飯、豆苗ナムル(仕上げ用に一部取り分ける)、白ごまをざっくり混ぜる。ラップに⅓量ずつのせて三角形ににぎり、のりを巻き、仕上げ用の豆苗ナムルをのせ、仕上げ用の白ごまをふる。

豆苗ナムルの作り方

豆苗1袋はさっと塩ゆでし、食べやすい長さに切ってボウルに入れる。塩昆布・白すりごま各大さじ1、ごま油大さじ½を加えて和える。

大豆にんじん塩昆布炒めでおにぎり

材料 小さめのおにぎり3個分

ご飯 … 茶碗多めの1杯分
大豆にんじん塩昆布炒め(下記参照) … 大さじ3
白炒りごま、白すりごま(仕上げ用) … 各適量

作り方

1 ご飯、大豆にんじん塩昆布炒めをざっくり混ぜる。ラップに⅓量ずつのせて三角形ににぎり、仕上げ用の白ごまをふる。

大豆にんじん塩昆布炒めの作り方

フライパンにごま油大さじ1を入れて中火で熱し、にんじんの千切り½本分、塩昆布20g、大豆(水煮)100gを炒める。にんじんがしんなりしたら白すりごま大さじ1を加えて混ぜ、塩少々で味をととのえる。

3
あっさり!
素朴な
常備菜を
混ぜ込んで

さっぱり
紅しょうがを
ごちそうに!

塩昆布 紅しょうが天かすでおにぎり

材料 小さめのおにぎり3個分

ご飯 … 茶碗多めの1杯分
A [塩昆布、紅しょうが、天かす、白炒りごま … 各大さじ1
のり … 3枚
白炒りごま、白すりごま(仕上げ用) … 各適量

作り方

1 ご飯、Aをざっくり混ぜる。ラップに⅓量ずつのせて三角形ににぎり、のりを巻き、仕上げ用の白ごまをふる。

EDAMAME
枝豆
おにぎり

おかかチーズと枝豆でおにぎり

材料 小さめのおにぎり3個分

ご飯 … 茶碗多めの1杯分
枝豆（塩ゆでしてさやから出す）
… 大さじ3
プロセスチーズ … 1個（13.5g）
A［かつお節 … $\frac{1}{2}$パック（約1g）
しょうゆ … 少々
白炒りごま … 大さじ1
白炒りごま、白すりごま
（仕上げ用）… 各適量

作り方

1 プロセスチーズは小さく切り、Aで和える。
2 ご飯、枝豆、1、白ごまをざっくり混ぜる。ラップに$\frac{1}{3}$量ずつのせて三角形ににぎり、仕上げ用の白ごまをふる。

2色の
グリーンが
さわやか

枝豆塩昆布青じそでおにぎり

材料 小さめのおにぎり3個分

ご飯 … 茶碗多めの1杯分
枝豆（塩ゆでしてさやから出す）
… 大さじ3
青じそ … 3枚
A［塩昆布、白炒りごま
… 各大さじ1
白炒りごま、白すりごま
（仕上げ用）… 各適量

作り方

1 青じそは手で叩いて香りを出し、小さく切る。
2 ご飯、枝豆、1、Aをざっくり混ぜる。ラップに$\frac{1}{3}$量ずつのせて三角形ににぎり、仕上げ用の白ごまをふる。

NAPPA
菜っぱ おにぎり

これぞ“あっさり”の真骨頂

菜っぱで酢飯おにぎり

材料 小さめのおにぎり3個分

酢飯(▶P.11) … 茶碗多めの1杯分
小松菜 … 1〜2株
A ［ かつお節 … 1パック(2.5g)
　 塩 … 少々
白炒りごま … 大さじ1
のり … 3枚
白炒りごま、白すりごま(仕上げ用) … 各適量

作り方

1 小松菜は塩ゆでして水気を絞り、細かく刻み、ボウルに入れる。Aを加えて和える(仕上げ用に一部取り分ける)。

2 酢飯、1、白ごまをざっくり混ぜる。ラップに⅓量ずつのせて三角形ににぎり、のりを巻き、仕上げ用の1をのせ、仕上げ用の白ごまをふる。

お漬物っておいしいよね！

しば漬け昆布 菜っぱでおにぎり

材料 小さめのおにぎり3個分

ご飯 … 茶碗多めの1杯分
小松菜 … 1株
しば漬け … 約20g
塩昆布、白炒りごま
　… 各大さじ1
白炒りごま、白すりごま
　(仕上げ用) … 各適量

作り方

1 小松菜は塩ゆでして水気を絞り、細かく刻む。しば漬けは細かく刻む。

2 ご飯、1、塩昆布、白ごまをざっくり混ぜる。ラップに⅓量ずつのせて三角形ににぎり、仕上げ用の白ごまをふる。

WESTERN
洋風
スープ
春は
新玉ねぎで
作るといいよ♪

ささっと玉ねぎスープ

材料と手間は最小限ですが、味は絶品。
軽く炒めた玉ねぎから、やさしい甘さが広がります。

材料 2人分

玉ねぎ … 大1個
にんにく(つぶす) … 1かけ
オリーブオイル … 大さじ1〜
小麦粉 … 大さじ1
A［水 … 400mℓ
　 固形コンソメ … 1個
B［しょうゆ、バター … 各大さじ½
塩、こしょう … 各少々
粉チーズ、粗びき黒こしょう(各好みで) … 各適量

作り方

1 玉ねぎは薄切りにする。

2 鍋にオリーブオイルを入れて弱火で熱し、にんにくを炒める。香りが立ったら**1**を加えて中火で炒め、しんなりしたら小麦粉を加えて炒める。粉気がなくなったらAを加える。煮立ったら弱火で1〜2分ほど煮る。

3 Bを加え、塩、こしょうで味をととのえる。器に盛り、粉チーズ、粗びき黒こしょうをふる。

ありもの野菜とアボカドのスープ

緑色の余り野菜を集めて、鮮やかグリーンの小洒落たスープに。
さっと煮たアボカドは、ほっくりしておいしい！

材料 2人分

アボカド … ½個
スライスベーコン … 40g
玉ねぎ … ¼個
じゃがいも … 1個
キャベツ … 1枚
オリーブオイル … 大さじ1〜
A ［水 … 400㎖
　 固形コンソメ … 1個
塩、こしょう … 各少々

作り方

1 ベーコンは5㎜幅に切る。玉ねぎは薄切りにし、アボカド、じゃがいもは2㎝角に、キャベツはざく切りにする。

2 鍋にオリーブオイルを入れて中火で熱し、ベーコン、玉ねぎを炒める。玉ねぎがしんなりしたらじゃがいも、キャベツを加えて炒め、油が全体になじんだらAを加える。煮立ったらアボカドを加えてひと煮立ちさせる。塩、こしょうで味をととのえる。

WESTERN
洋風
スープ

ソーセージと白菜のスープ

**ソーセージのうまみが、煮込んだ白菜の甘みを引き立てます。
お疲れ気味の日に飲みたくなる、癒やされる味。**

材料 2人分

ソーセージ … 4本
白菜 … 2〜3枚
にんにく(つぶす) …1かけ
オリーブオイル…大さじ1
A ［ 水 … 400mℓ
　　 固形コンソメ … 1個
しょうゆ … 大さじ½
塩、こしょう … 各少々
粗びき黒こしょう(好みで) … 適量

作り方

1 ソーセージは1cm幅の輪切りにする。白菜はざく切りにする。

2 鍋にオリーブオイルを入れて弱火で熱し、にんにくを炒める。香りが立ったらソーセージを加えて中火でさっと炒め、白菜、Aを加える。

3 煮立ったら弱火で白菜が好みのかたさになるまで煮る。しょうゆを加え、塩、こしょうで味をととのえる。器に盛り、粗びき黒こしょうをふる。

クタクタ白菜と
シャキシャキ白菜、
あなたは
どっち派？

半熟卵の
黄身が
とろ〜り

好きな野菜を
好きなだけ
入れちゃって！
3
あっさり！

卵入りキャベツスープ

材料 2人分

- 卵 … 2個
- キャベツ … ¼個
- スライスベーコン … 30g
- 玉ねぎ … ¼個
- にんにく（つぶす）… 1かけ
- オリーブオイル … 大さじ1
- A［水 … 400mℓ／固形コンソメ … 1個］
- しょうゆ … 大さじ½
- 塩、こしょう … 各少々
- 粗びき黒こしょう（好みで）… 適量

作り方

1 ベーコンは1cm幅に切る。キャベツは小さめのざく切りに、玉ねぎは薄切りにする。

2 鍋にオリーブオイルを入れて弱火で熱し、にんにくを炒める。香りが立ったらベーコン、玉ねぎを加えて中火で炒め、油が全体になじんだらキャベツ、Aを加える。

3 煮立ったら弱火で2〜3分煮て、しょうゆ、塩、こしょうで味をととのえる。卵を割り入れ、ふたをして卵が半熟状になるまで煮る。粗びき黒こしょうをふる。

ありもの野菜のコンソメスープ

材料 2人分

- スライスベーコン … 20g
- 玉ねぎ … ⅛個
- じゃがいも … 1個
- にんじん … ¼本
- オクラ … 2本
- オリーブオイル … 大さじ1〜
- A［水 … 400mℓ／固形コンソメ … 1個］
- コーン（冷凍）… 大さじ2
- しょうゆ … 大さじ½
- 塩、こしょう … 各少々

作り方

1 ベーコンは1cm幅に切る。玉ねぎは薄切りにする。じゃがいもは1cm角に切る。にんじんは8mm厚さのいちょう切りに、オクラは5mm厚さの輪切りにする。

2 鍋にオリーブオイルを入れて中火で熱し、ベーコン、玉ねぎをさっと炒める。じゃがいも、にんじんを加えてさらに炒め、油が全体になじんだらAを加える。煮立ったらオクラ、コーンを加え、野菜がやわらかくなるまで弱火で煮る。

3 しょうゆ、塩、こしょうで味をととのえる。

ビシソワーズ

材料 2人分

- じゃがいも … 2〜3個(約250g)
- 玉ねぎ … ½ 個
- スライスベーコン … 1枚
- A ［水 … 200mℓ / 固形コンソメ … 1個
- オリーブオイル … 大さじ1
- 牛乳 … 200mℓ〜
- バター … 大さじ½
- 塩、こしょう … 各少々
- 粗びき黒こしょう(好みで) … 適量

作り方

1 じゃがいもは2〜3cm角に切る。玉ねぎはすりおろす。ベーコンは1cm幅に切り、フライパンでカリカリになるまで弱火で炒める。

2 鍋にオリーブオイルを入れて中火で熱し、玉ねぎをさっと炒める。じゃがいもを加えて炒め、油が全体になじんだらAを加える。煮立ったらふたをして弱火でじゃがいもがやわらかくなるまで煮る。

3 火を止めてマッシャーなどで具材をつぶし、なめらかになったら牛乳を加える。中火にかけ、煮立つ直前でバターを加え、火を止める。塩、こしょうで味をととのえる。

4 粗熱を取り、冷蔵庫で冷やす。器に盛り、ベーコンをのせ、粗びき黒こしょうをふる。好みでオリーブオイル適量(分量外)を回しかける。

大根だらけなスープ

材料 2人分

- 大根 … 10cm分
- 大根の葉(あれば) … 適量
- ブロックベーコン … 40g
- 玉ねぎ … ¼個
- にんにく(つぶす) … 1かけ
- オリーブオイル … 大さじ2
- A ［水 … 400mℓ / 固形コンソメ … 1個
- しょうゆ … 大さじ½
- 塩、こしょう … 各少々
- 粗びき黒こしょう(好みで) … 適量

作り方

1 大根、ベーコン、玉ねぎは1cm角に切る。大根の葉は塩ゆでし、細かく刻む。

2 鍋にオリーブオイルを入れて弱火で熱し、にんにくを炒める。香りが立ったら大根、ベーコン、玉ねぎを加えて中火で炒める。油が全体になじんだらAを加える。煮立ったら弱火にして大根に火が通るまで煮る。

3 しょうゆ、塩、こしょうで味をととのえ、大根の葉をのせる。粗びき黒こしょうをふる。

JAPANESE
和風
スープ

3 あっさり！

豆腐とコーンでかきたまスープ

和風だしがコーンの甘さを引き立てます。卵と豆腐でたんぱく質もばっちりとれる！

材料 2人分

絹ごし豆腐 … 150g
コーン（冷凍） … 大さじ4
卵 … 1個
A ［だし汁 … 400mℓ
　しょうゆ、酒、しょうが（すりおろし）
　　… 各大さじ1］
塩 … 少々
水溶き片栗粉
　［水溶き片栗粉 … 大さじ1
　水 … 大さじ2］
米油（またはごま油） … 大さじ1
小ねぎ（小口切り） … 適量

作り方

1 豆腐はひと口大に切る。卵は溶きほぐす。
2 鍋にAを入れて中火にかけ、煮立ったら豆腐、コーンを加える。さっと煮たら塩で味をととのえ、水溶き片栗粉でとろみをつける。
3 溶き卵を流し入れ、再び煮立ったら火を止める。米油を回し入れ、器に盛り、小ねぎを散らす。

やさしい
気持ちの
おすそ分け

JAPANESE
和風
スープ

肉吸い

大阪名物・肉うどんのうどん抜き。
名前のインパクトに反し(笑)、味はほっと落ち着く系です。

材料 2人分

牛切り落とし肉 … 100g
絹ごし豆腐 … 150g
A ［ 水 … 400mℓ
　　白だし … 大さじ2〜3
　　みりん … 大さじ1
塩 … 少々
小ねぎ(小口切り)、
　七味(好みで) … 各適量

作り方

1 牛肉はさっと下ゆでする。豆腐はひと口大に切る。
2 鍋にAを入れて中火にかけ、煮立ったら1を加える。牛肉に火が通ったら塩で味をととのえる。
3 器に盛り、小ねぎを散らし、七味をふる。

遅く帰った日の
深夜飯に
サイコー！

3 あっさり！

ありもの根菜チキンのスープ

鶏肉から
うまみが
じゅわ〜っ

材料 2人分

鶏もも肉 … 100g
にんじん … 1本
大根 … 5cm
ごぼう … 1本
オリーブオイル … 大さじ2
水 … 400mℓ
しょうゆ … 大さじ½
塩 … 適量

作り方

1 鶏肉はひと口大に切る。にんじんは1cm厚さの半月切り、大根は1cm厚さのいちょう切り、ごぼうは7〜8mm厚さの斜め切りにする。

2 鍋にオリーブオイルを入れて中火で熱し、1を炒める。油が全体になじんだら分量の水を加え、ふたをして野菜がやわらかくなるまで弱火で煮る。しょうゆ、塩で味をととのえる。

寒い日の
ご自愛スープ

しょうがのぽかぽかスープ

材料 2人分

キャベツ … 2枚
しめじ … ひとつかみ
卵 … 1個
A［だし汁 … 400mℓ
　しょうが(すりおろし) … 小さじ1〜
しょうゆ … 大さじ½
塩、こしょう … 各少々
ごま油 … 大さじ1
ラー油、白炒りごま、白すりごま(各好みで) … 各適量

作り方

1 キャベツはざく切りにする。しめじはほぐす。卵は溶きほぐす。

2 鍋にAを入れて中火にかけ、煮立ったらキャベツ、しめじを加える。3〜4分煮たらしょうゆ、塩、こしょうで味をととのえる。

3 溶き卵を流し入れ、再び煮立ったら火を止める。ごま油、ラー油を回し入れ、白ごまをふる。

ASIAN

アジア風

スープ

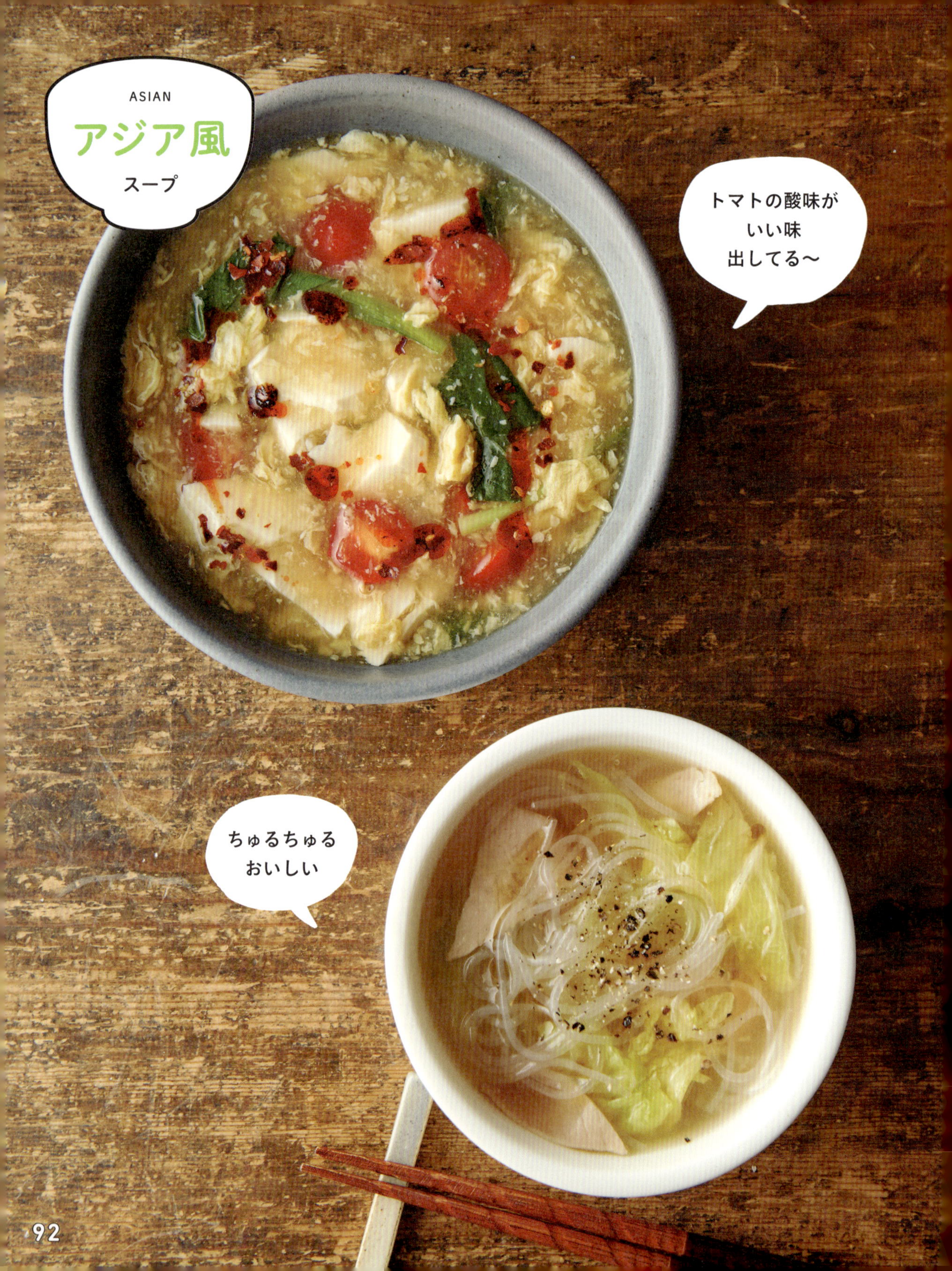
トマトの酸味が
いい味
出してる〜
ちゅるちゅる
おいしい

トマトと小松菜入り酸辣湯（サンラータン）

酸っぱ辛うまい酸辣湯は、食欲がない日も
なぜか食べられる元気回復スープ。辛さはお好みで調整を。

材料 2人分

ミニトマト … 6個
小松菜 … 1株
絹ごし豆腐 … 150g
A［水 … 400mℓ
　中華スープの素 … 大さじ½
　しょうが（すりおろし） … 1かけ分］
しょうゆ … 大さじ1
塩、こしょう … 各少々
水溶き片栗粉
　［水溶き片栗粉 … 大さじ1
　水 … 大さじ2］
卵（溶きほぐす） … 1個
酢 … 大さじ2
ごま油、ラー油、唐辛子フレーク（各好みで） … 各適量

作り方

1 ミニトマトはヘタを除いて半分に切る。小松菜は食べやすい長さに切る。
2 鍋にAを入れて中火にかけ、煮立ったらしょうゆ、豆腐を加えておたまで軽くくずす。ひと煮立ちしたら**1**を加え、さっと煮たら塩、こしょうで味をととのえ、水溶き片栗粉でとろみをつける。
3 溶き卵を流し入れ、再び煮立ったら火を止める。器に盛り、酢、ごま油、ラー油を回し入れ、唐辛子フレークをふる。

ハムと白菜の春雨スープ

春雨はヘルシーなのにお腹をしっかり満たしてくれる優秀食材。
ハムと白菜でやさしい味わいに。

材料 2人分

ロースハム … 1パック（40g）
白菜 … 2〜3枚
春雨（乾燥） … 20g
A［水 … 500mℓ
　中華スープの素 … 大さじ½
　しょうが（すりおろし） … 1かけ分］
しょうゆ … 大さじ½
塩、こしょう … 各少々
水溶き片栗粉
　［水溶き片栗粉 … 大さじ1
　水 … 大さじ2］
ごま油 … 大さじ½
粗びき黒こしょう（好みで） … 適量

作り方

1 ハム、白菜は食べやすい大きさに切る。春雨はキッチンバサミで食べやすい長さに切る。
2 鍋にAを入れて中火にかけ、煮立ったら**1**を加え、ふたをして弱火で4〜5分煮る。
3 しょうゆ、塩、こしょうで味をととのえる。水溶き片栗粉でとろみをつけ、ごま油を回し入れる。器に盛り、粗びき黒こしょうをふる。

食材別INDEX

Tesshi

テッシー

愛知県岡崎市在住。インスタグラムに投稿するボリューミーで迫力満点の「#ごちそうおにぎり」やスープ、パスタなどが大人気のインスタグラマー。本業は保育士。フォロワー数は38万人超え(2024年11月現在)を誇り、国内外から注目を集める。著者に『主役は、ごちそうおにぎり つまみにポテサラ、シメのホットサンド』、『とびきりおいしい家パスタ 食べたら疲れが吹き飛ぶよ！』(いずれもKADOKAWA)など。

Instagram @tmytsm

デザイン／高橋倫代
撮影／難波雄史、Tesshi
調理アシスタント／鈴木綾子
撮影協力／UTUWA
校正／小出美由規
DTP／Sun Fuerza
編集協力／安田 光
編集／斉田麻理子(扶桑社)

ごちそうおにぎりとまんぷくスープ

発行日　2024年12月10日　初版第1刷発行

著者　Tesshi
発行者　秋尾弘史
発行所　株式会社 扶桑社
〒105-8070
東京都港区海岸1-2-20
汐留ビルディング
電話　03-5843-8842(編集)
03-5843-8143(メールセンター)
www.fusosha.co.jp
印刷・製本　TOPPANクロレ株式会社

ISBN978-4-594-09920-6